Norbert Penkaitis

Entwicklungstendenzen der Agrarstrukturen in Rußland

herausgegeben von
Eberhard Schinke

1995

In Kommission bei

DUNCKER & HUMBLOT · BERLIN

Printed in Germany

Gesamtherstellung: Offset Köhler KG · 35396 Gießen

ISBN 3-428-08525-6 · ISSN 0078-6888

INHALTSVERZEICHNIS

TABELLENVERZEICHNIS

TABELLEN IM ANHANG

VORWORT

Diese Studie entstand im Rahmen eines Forschungsauftrages des Bundesministeriums für Ernährung, Landwirtschaft und Forsten an die Kommission für Erforschung der Agrar- und Wirtschaftsverhältnisse des europäischen Ostens e.V.

Herrn Prof. Dr. Eberhard Schinke, dem Vorsitzenden der Kommission und Geschäftsführenden Direktor des Zentrums für kontinentale Agrar- und Wirtschaftsforschung der Justus-Liebig-Universität Gießen, bin ich für die kritischen Anmerkungen und wertvollen Vorschläge sehr dankbar. Eventuelle Fehler und alle Unzulänglichkeiten der Arbeit habe ich allein zu verantworten.

An dieser Stelle möchte ich mich auch bei den Mitarbeitern des Zentrums, Frau Gisela Pfeffer, Frau Katharina Zschuppe und Frau Heidemarie Degenhardt, bedanken, auf deren Hilfe ich bei den Schreib- und Redaktionsarbeiten angewiesen war.

Gießen, im Sommer 1995 Der Verfasser

EINLEITUNG

Rußland verfügt als größtes Land der Erde über ein hohes landwirtschaftliches Potential, doch die sozialistische Land- und Ernährungswirtschaft war ineffizient und nicht in der Lage, die Bevölkerung ausreichend mit Nahrungsmitteln zu versorgen. Dabei war die landwirtschaftliche Produktion Rußlands pro Einwohner niedriger als in den meisten anderen Republiken der ehemaligen Sowjetunion.

Zahlreiche halbherzige Agrarreformen haben diesen Zustand nicht verbessert. Die historische Erfahrung hat gezeigt, daß Reformen in Rußland schon immer schwer durchsetzbar waren und mehr Zeit benötigten als anderswo. Trotz der von Gorbatschow eingeleiteten und in der Rußländischen Föderation unter Jelzin weit fortgeschrittenen Agrarreform, die auf Einführung von marktwirtschaftlichen Verhältnissen in der Agrarwirtschaft ausgerichtet ist, behält der Staatsdirigismus einen starken Einfluß. Die landwirtschaftlichen Betriebe erhalten zwar keine verbindlichen Produktionspläne mehr, aber dafür den sog. "Staatsauftrag" (goszakaz), der seinem Wesen nach eine obligatorische Lieferverpflichtung zu staatlich festgelegten Aufkaufpreisen darstellt. Obwohl die Verluste der landwirtschaftlichen Produktion bei der Lagerung, Verarbeitung und beim Transport als unvertretbar hoch erkannt werden und allein ihr weitgehender Abbau ausreichende Versorgung gewährleisten würde, wird der Steigerung der landwirtschaftlichen Primärproduktion nach wie vor die höchste Priorität eingeräumt.

Für eine rasche Privatisierung der Landwirtschaft bestehen keine guten Voraussetzungen. Von dem bisherigen Verlauf der Agrarreform sind viele Bauern enttäuscht und geben ihr die Schuld am Rückgang der landwirtschaftlichen Produktion und der schwierigen finanziellen Lage der landwirtschaftlichen Erzeuger. Ein Teil der Kolchose und Sowchose hat sich zwar in privatrechtliche Betriebsformen umgewandelt, doch geschah dies oft rein formal, ohne wesentliche Veränderung der früheren Organisationsstruktur. Viele Betriebsleiter beklagen, daß die lokalen Behörden noch immer die Macht haben, den landwirtschaftlichen Produzenten Produktions- und Verkaufsauflagen zu erteilen. Die Privatisierung in Form von Neugründungen von privaten Bauernbetrieben ist nach erster euphorischer Gründungswelle fast zum Stillstand gekommen, und bereits jeder zehnte Privatbauer hat wegen wirtschaftlicher Schwierigkeiten seinen Betrieb aufgegeben.

Nach wie vor wird ein großer Teil der wichtigen landwirtschaftlichen Erzeugnisse vom Staat zu staatlich festgelegten Preisen aufgekauft, in den überwiegend staatlichen Betrieben verarbeitet und im staatlichen Handelsnetz vermarktet. Die Verfestigung von marktwirtschaftlichen Verhältnissen in der Agrarwirtschaft wird noch viele Jahre benötigen. Politische Instabilität, ein überwiegend konservatives Parlament, eine starke Lobby der Kolchose und Sowchose und der noch immer fortdauernde Niedergang der Wirtschaft verzögern marktwirtschaftlich orientierte Reformen.

Mit dieser Studie ist der Versuch unternommen worden, die Entwicklung der Agrarstrukturen Sowjetrußlands und der unabhängigen Rußländischen Föderation darzustellen und die Problematik der Privatisierung der Land- und Ernährungswirtschaft und die Möglichkeiten der weiteren Entwicklung aufzuzeigen. Die Arbeit stützt sich überwiegend auf Literatur und Periodika in russischer Sprache. Die offiziellen statistischen Daten für die RSFSR und für die Rußländische Föderation müssen unter dem Aspekt betrachtet werden, daß in der Sowjetzeit seitens der Wirtschaftssubjekte und der Zentrale die Tendenz bestand, möglichst günstige Wirtschaftsdaten zu repräsentieren. Betriebe waren interessiert, Planerfüllung zu bekunden, und die Zentrale war interessiert, wirtschaftliche Erfolge des sozialistischen Systems zu melden. Inzwischen besteht zumindest bei den Produzenten der umgekehrte Trend, um sich nach Möglichkeit stille Reserven zu verschaffen und Steuern zu sparen.

1 RAHMENBEDINGUNGEN FÜR DIE ENTWICKLUNG DER LANDWIRTSCHAFT

1.1 Gliederung des rußländischen Territoriums

Die Fläche Rußlands beträgt 17,07 Mio. km^2, was 76,7 % des sowjetischen Territoriums entsprach. Damit ist Rußland das größte Land der Erde. Der europäische Teil Rußlands erstreckt sich bis zum Ural und hat eine Fläche von 4,3 Mio. km^2. Der größte Teil des Landes entfällt auf den asiatischen Teil, der 12,77 Mio. km^2 beträgt. Die Ost-West-Ausdehnung Rußlands beträgt 9 000 km, die Nord-Süd-Ausdehnung liegt zwischen 2 500 und 4 000 km.[1]

Rußland gliedert sich von West nach Ost in vier Großlandschaften: 1) Osteuropäische Ebene, 2) Westsibirische Tiefebene, 3) Mittelsibirisches Tafelland und 4) Ostsibirien und Fernost. Die Osteuropäische Ebene nimmt rund vier Fünftel des osteuropäischen Flachlandes ein. Sie liegt im Durchschnitt 200 m über dem Meeresspiegel, von weitgespannten Höhenrücken durchzogen, die jedoch außer in den Randgebieten nicht über 420 m Höhe erreichen. Die westsibirische Tiefebene erstreckt sich zwischen dem Ural und dem Jenissei von West nach Ost über 1 500 km. Im Süden läuft sie in Trockensteppen und in die Wüsten Kasachstans aus. Das Mittelsibirische Tafelland liegt zwischen Jenissei und Lena mit einer Breite von etwa 2 400 km. Es ist ein flachwelliges, fast ebenes Gelände, größtenteils in 200-500 m Höhe, durch tiefeingeschnittene Täler der großen sibirischen Ströme gegliedert, das in den Randgebieten bis auf 1 500 m ansteigt und zur Nordsibirischen Tiefebene steil abfällt. Ostsibirien und Fernost liegen zwischen der Lena und dem Pazifik und enthalten ein Gebirgsland, das bis zu 4 750 m Höhe erreicht und tief in die Mongolei als Altai-Sajanisches Gebirgsland hineinreicht. Rußland hat rund 120 000 Flüsse, die mindestens 10 km lang sind. Die gesamte Länge beträgt mehr als 2,3 Mio. km. Die meisten von ihnen, wie Ob mit Irtysch, Jenissei, Lena, Nördliche Dwina, Petschora, Indigirka, Kolyma u.a., fließen in nördlicher Richtung. Das Wasservolumen aller Flüsse beträgt rund 4 000 Kubikkilometer im Jahr. Das Flußwasser ist die Hauptquelle der Versorgung der Städte mit Wasser. In einigen Gebieten, wie im Nordkau-

---

1 Narodnoe chozjajstvo SSSR v 1990 g. Statističeskij ežegodnik. Moskva 1991, S. 468; Bol'šaja sovetskaja ėnciklopedija, Bd. 22. Moskva 1975, S. 214.

kasus, im Wolga-Gebiet und im südöstlichen Sibirien, wird das Flußwasser zur Bewässerung landwirtschaftlicher Nutzflächen verwendet.

Auf dem russischen Territorium befinden sich rund zwei Millionen Binnenseen, von denen die größten das Kaspische Meer, der Baikal und der Ladoga sind. Darüber hinaus wurden durch den Bau von Wasserkraftwerken große Stauseen bei Rybinsk, Kujbyschew, Wolgograd, Kamsk, Krasnojarsk, Irkutsk und Bratsk geschaffen.[2]

1.2 Natürliche Landschaftszonen

Durch die riesige Ausdehnung des Landes und die unterschiedlichen klimatischen Verhältnisse haben sich auf dem russischen Territorium verschiedene Landschaftszonen herausgebildet, die von unterschiedlicher Bedeutung für die Landwirtschaft sind. Man unterscheidet dabei die arktische Wüstenzone im hohen Norden und die sich daran in südlicher Richtung anschließenden folgenden Zonen: Tundra, Waldtundra, Taiga, Mischwälder, Waldsteppe, Steppe, Halbwüste und Wüste.

Die Zone der arktischen Wüste umfaßt das Franz-Joseph-Land, die nördliche Insel von Novaja Zemlja, die Neusibirischen Inseln und die Wrangel-Insel. Die Gebiete dieser Zone sind größtenteils vergletschert, die Schneedecke bleibt das ganze Jahr liegen. Die arktischen Böden nehmen eine Fläche von 51,7 Mio. ha ein.[3]

Die Tundrenzone umfaßt die Kolgujev-, die Vaigačinsel, die südliche Insel von Nowaja Semlja und die Küstengebiete des Arktischen Ozeans. Sie ist gekennzeichnet durch Dauerfrostböden und das Fehlen von Wald. Der nördliche und der mittlere Teil der Tundra ist mit Unterbrechungen von Moosen, Flechten und Mooren bedeckt, im Süden treten mancherorts verschiedene Büsche auf. Moose und Flechten bilden eine Grundlage für die Rentierhaltung.

---

2 A. Danilov, V. Kistanov, S. Ledovskich (Hrsg.), Ėkonomičeskaja geografija SSSR. Moskva 1983, S. 33 ff.

3 A. Zimm, G. Markuse, Geographie der Sowjetunion. Gotha 1984, S. 88.

Die Zone der Waldtundra umfaßt einen schmalen Streifen von 20-200 km Breite südlich der Tundra. Dieses Gebiet ist eine der sumpfigsten natürlichen Zonen. Hier befinden sich die wichtigsten Winter- und Sommerweiden der Rentiere. Für die Landwirtschaft ist die Zone ungeeignet, lediglich in manchen südlichen Gebieten, in der Nähe der Städte, werden einige wenige Gemüsearten angebaut. Die gesamten Tundrenböden nehmen eine Fläche von 120 Mio. ha ein.[4]

Die Taiga ist die größte natürliche Zone Rußlands. Ihre südliche Grenze verläuft ungefähr auf der Linie St. Petersburg-Iwanowo-Nischni Nowgorod-Kasan-Tomsk-Krasnojarsk und geht östlich der Lena in die Gebirgstaiga über. Der nördliche Teil der Taiga hat keine nennenswerte Bedeutung für die Landwirtschaft. Die mittlere Taiga, die sich über den nordöstlichen europäischen Teil und weiter östlich über Sibirien ausbreitet, umfaßt eine Fläche von 255 Mio. ha. Wälder und Büsche nehmen 65 % der Fläche ein. Wie in der Nordtaiga sind auch in der Mitteltaiga die Europäische und die Sibirische Fichte am stärksten verbreitet. Im Unterholz sind verschiedene Strauchweiden und viel Krüppelholz anzutreffen. Landwirtschaftlich genutzt werden in der Mitteltaiga rund 9 Mio. ha bzw. 3,5 % der Fläche. Den größten Teil davon bilden Mähwiesen und Weiden. Die Ackerfläche umfaßt nur 1 Mio. ha. Der südliche Teil der Taiga, südlich des 60. Breitengrades gelegen, hat eine Fläche von rund 260 Mio. ha. Landwirtschaftlich genutzt wird rund ein Drittel der Subzone, wovon 47 Mio. ha auf Ackerfläche, 21 Mio. ha auf Mähwiesen und 14 Mio. ha auf Weiden entfallen. Hier sind relativ günstige natürliche Voraussetzungen für die Tierhaltung gegeben, was dazu geführt hat, daß vor allem die Milchwirtschaft, die Schweine- und Geflügelhaltung entwickelt sind. Außer Futtergräsern werden in der Taiga in begrenztem Umfang Getreide, Kartoffeln, Gemüse und Flachs angebaut.[5]

Die besten Voraussetzungen für die Landwirtschaft bieten die südlich der Taiga gelegenen Mischwald-, Waldsteppen- und Steppenzonen. **Die Mischwaldzone** hat im westlichen Landesteil eine Breite von rund 1 000 km, wird immer schmaler in östlicher Richtung, läuft im Ural aus und setzt sich in Sibirien nicht mehr fort. Die so entstehende Form eines Kei-

---

4 A. Zimm, G. Markuse, Geographie ..., a.a.O., S. 80, 88 f.

5 Ebenda, S. 89 ff.; Ju. V. Fedorin, V.P. Sotnikov, L.I. Egorenkov, Počvy sel'skochozjajstvennych ugodij SSSR. Moskva 1981, S. 22 ff.

les erklärt sich aus den für die Laubwälder günstigeren klimatischen Verhältnissen im Westen. In östlicher Richtung nimmt die Feuchtigkeit stark ab, und die Winter werden immer kälter, weswegen in Sibirien das kontinentale Klima nur einen schmalen Streifen von Laubwald, meist in Form von kleinblättrigen Birken und Erlen, als Übergang zur Steppe zuläßt. Allerdings besteht eine begrenzte Mischwaldzone in Fernost, vor allem im Amurbecken. In der Mischwaldzone werden am meisten Roggen, Sommerweizen, Gerste, Hafer, Kartoffeln, Futtergräser und Wurzelfrüchte angebaut. Verbreitet sind auch Mähwiesen und Weiden.

Die Waldsteppe bildet eine Übergangszone vom feuchten und kalten Waldklima zum trockenen und heißen Steppenklima. Sie verläuft vom mittleren Teil der Grenze zur Ukraine im Westen bis zu den dem sibirischen Altai vorgelagerten Ebenen. Weiter östlich tritt sie nur inselförmig auf, vor allem in den Gebieten von Kusnezk, Minusinsk und Irkutsk. Dabei besteht der Trend, daß durch die Ausweitung der Landwirtschaft die Steppe sich in nördlicher Richtung ausweitet. Hier bestehen gute Voraussetzungen für die Landwirtschaft, insbesondere in den mittelrussischen Gebieten. Entwickelt ist der Anbau von Getreide, vor allem von Weizen, von Kartoffeln, Zuckerrüben, Sonnenblumen, Gemüse und Obst.

Die Steppenzone erstreckt sich auf einen Teil Südrußlands. Im Westen umfaßt sie das Gebiet am Asowschen Meer, die Ebenen des Schwarzmeergebietes und das Kaukasusvorland, vor allem dessen westlichen Teil. Nordöstlich davon nimmt die Steppe den südlichen Teil der Mittelrussischen, der Wolga- und Transwolgahöhen ein. Sie zieht sich dann über den nördlichen Teil Kasachstans nach Westsibirien, wo sie sich im südlichen Landesteil ausbreitet. Weiter östlich löst sich der Steppengürtel in einzelne Inseln auf, die hauptsächlich in den Zwischengebirgssenken liegen. Verbreitet ist der Anbau von Weizen, Mais, Sonnenblumen, Hirse und Melonen. Die Steppenzonen zusammen mit der Waldsteppenzone bilden die wichtigste Kornkammer Rußlands.

Außer den genannten natürlichen Zonen befinden sich auf dem russischen Territorium zwei relativ kleine Zonen, nämlich die Halbwüstenzone südlich der Steppenzone im Gebiet Wolgograd, an die sich weiter südlich die Wüstenzone im Bezirk Astrachan anschließt. Der Pflanzenbau ist hier weitgehend auf künstliche Bewässerung angewiesen, wobei die Einbringung zweier Ernten verschiedener landwirtschaftlicher Kulturen im Jahr möglich ist.[6]

1.3 Böden

In Rußland sind verschiedenartigste Bodentypen vertreten. Bei der geographischen Verteilung der Böden ist am deutlichsten eine Zonalität der Böden von Nord nach Süd bzw. von Nordwest nach Südost ausgeprägt. Die überwiegend in diesen Richtungen verlaufenden Zonen (Tundra-Taiga-Wald-Steppe-Wüste) sind ein Lehrbuchbeispiel für eine Klimasequenz mit abnehmender Durchfeuchtung und der daraus entstandenen Biosequenz (Zwergstrauchheiden-Birkenwald-Nadelwald-Mischwald-Laubwald-Waldsteppe-Steppe-Wüstensteppe-Wüste).

Folgende Bodentypen reihen sich von Nord nach Süd aneinander: Tundraböden (Dauerfrostböden), Gley-, Humus-, Sumpf- und Rasenpodsole der Taiga, graue Waldböden der Waldsteppe, Schwarzerden (Tschernoseme), Trockensteppenböden (Kastanoseme), Halbwüsten- und Wüstenböden.[7]

Die Böden der Tundra und das rauhe Klima bieten keine geeignete Grundlage für den Pflanzenbau. Die Mächtigkeit des Bodens ist gering. An der Bodenoberfläche besteht ein Torfhorizont. Verschiedene Arten von Moos und Flechten bilden eine kärgliche Grundlage für die Rentierhaltung.

Die verschiedenen Podsolböden der Taiga bilden sich unter Nadel- und Mischwäldern und auf sandigen Gesteinen. Ihre mittleren und unteren Horizonte sind mit Schlamm, Eisen und Aluminium angereichert, die oberen sind arm an diesen Komponenten. Diese Böden sind nährstoffarm und weisen eine saure Reaktion auf. Die Gleypodsole haben einen vergleiten oberen Teil des Profils und sind unter sehr feuchten Bedingungen

---

6 J. Breburda, Bodenverbesserung und Bodenerhaltung. In: Sowjet-Landwirtschaft heute. Berlin 1976, S. 157 f. (Gießener Abhandlungen zur Agrar- und Wirtschaftsforschung des europäischen Ostens 78); A. Danilov, V. Kistanov, S. Ledovskich (Hrsg.), Ėkonomičeskaja ..., a.a.O., S. 183.

7 J. Breburda, Bodenverbesserung ..., a.a.O., S. 157.

in der nördlichen Taiga entstanden. Die Humus- und Sumpfpodsole sind überwiegend in der mittleren Taiga verbreitet. Die Rasenpodsole haben einen deutlich ausgeprägten oberen Humushorizont. Sie sind vor allem in der südlichen Taiga und im Süden des Fernen Ostens anzutreffen. Die ausreichende Feuchtigkeit und gutes Reagieren auf Düngemittel ermöglichen es, die Podsolböden weitgehend für den Ackerbau zu nutzen.[8]

Graue Waldböden erstrecken sich von der nördlichen Ukraine über Zentralrußland bis nach Westsibirien. Sie kommen vor allem in der Zone der breitblättrigen Laubwälder vor. In ihnen verbinden sich die Eigenschaften der Podsol- und der Schwarzerdeböden. Sie sind fruchtbar und bieten gute Voraussetzungen für den Ackerbau.

Die Schwarzerden sind vor allem in der Steppenzone verbreitet. Die Schwarzerdezone bildet rund die Hälfte der Ackerfläche. In manchen Gebieten der Zone beträgt die Ackerfläche bis zu 90 %. Mehr als 48 % der Schwarzerden der Welt befinden sich in der ehemaligen Sowjetunion. Außer in Rußland sind sie auch in der Ukraine und in Nordkasachstan verbreitet. Die meisten Schwarzerden haben einen 30-140 cm mächtigen Humushorizont mit guter Krümelstruktur und enthalten 4-10 % Humus. Sie sind sehr fruchtbar und werden relativ intensiv für die Landwirtschaft genutzt.

Die Trockensteppenböden, südlich der Schwarzerdezone gelegen, sind im unteren Wolgagebiet und im Süden Westsibiriens verbreitet. Das sind überwiegend Kastanienfarbene Böden, die sich von den Schwarzerden durch geringeren Humusgehalt und geringere Mächtigkeit der Humusschicht unterscheiden. Sie sind mancherorts versalzt, d.h. sie reagieren stark alkalisch, haben eine sehr dicht gelagerte Einzelkornstruktur, sind schlecht durchlüftet und quellen bei Anfeuchtung stark auf. Weitgehend landwirtschaftlich genutzt werden die dunklen Kastanienfarbenen Böden, die in den feuchtesten Gebieten ihrer Verbreitung auftreten, während die hellen Böden erst nach intensiver Bewässerung für den Ackerbau geeignet sind.

Die Zone der Halbwüste hat Braune Halbwüstenböden, die in ihrem oberen Horizont einen Humusgehalt von 1-2,5 % aufweisen. Sie sind oft salz-

---

[8] Die Union der Sozialistischen Sowjetrepubliken. Handbuch. Düsseldorf 1971, S. 148.

haltig. Für die Landwirtschaft nutzbar sind nach gründlicher Bewässerung vor allem die nicht versalzten Böden.

In der Wüstenzone sind vor allem Graubraune Wüstenböden verbreitet, die weniger als einen Prozent Humus enthalten und an der Oberfläche karbonatisch sind. Sie weisen einen hohen Salzgehalt auf und können nur durch reichliche Bewässerung zum Teil entsalzt und landwirtschaftlich genutzt werden.[9]

1.4 Agroklimatische Bedingungen

Der größte Teil Rußlands liegt im Mittelstreifen (50.-60. Breitengrad) des gemäßigten Klimagürtels Eurasiens, wobei lediglich die nördlichen Randgebiete der Kaltluftzone hinzukommen. Durch die enorme Ausdehnung des Territoriums und die Vielfalt des Reliefs bestehen sehr unterschiedliche klimatische Verhältnisse. Diese Klimagebiete unterscheiden sich nach den Verhältnissen der Sonnenstrahlung, der Luftzirkulation, der Temperatur und des Niederschlags. Die Sonnenstrahlung ist in den arktischen Gebieten am geringsten und steigt in südlicher Richtung an. Analog verhält es sich mit der Lufttemperatur, wobei jedoch die niedrigsten Temperaturen südlich der arktischen Wüstenzone auf dem Festland mit ausgeprägtem Kontinentalklima erreicht werden.

In den meisten Landesteilen sind die höchsten Temperaturen im Juli, die niedrigsten im Januar anzutreffen. In den nahe den Meeresküsten gelegenen Gebieten treten die höchsten Temperaturen im August und die niedrigsten im Januar auf. In der arktischen Wüstenzone liegt die höchste durchschnittliche Monatstemperatur im August bei 0 °C. In der Tundrazone erreicht die durchschnittliche Julitemperatur nicht mehr als +11 °C. Infolge der niedrigen Temperaturen ist die Verdunstungsmenge gering, so daß trotz der niedrigen Niederschlagsmengen (200-400 mm/Jahr) ein erheblicher Feuchtigkeitsüberschuß besteht. Die sommerliche Wärme bewirkt ein oberflächliches Auftauen des Bodens von 30-40 cm in der nördlichen und von 60-70 cm in der südlichen Tundra. Wegen der fehlenden Wärme ist die pflanzliche Produktion nur in Treibhäusern möglich.

---

9 J. Breburda, Bodenverbesserung ..., a.a.O., S. 159 f.; A. Danilov, V. Kistanov, S. Ledovskich (Hrsg.), Ėkonomičeskaja ..., a.a.O., S. 183 f.

In der Waldtundra sind die Sommer etwas wärmer als in der Tundra. Die durchschnittlichen Tagestemperaturen erreichen in einer kurzen Zeitspanne +15 °C und mehr. Die Durchschnittstemperatur des wärmsten Monats Juli beträgt 11-14 °C. Die kurze Vegetationsperiode erlaubt keine nennenswerte landwirtschaftliche Tätigkeit.

In der ausgedehnten Taigazone ist der Sommer wärmer, der Winter aber kälter als in der Tundra und Waldtundra. Die durchschnittliche Julitemperatur liegt bei 13-14 °C im Norden und 18-19 °C im Süden. In der nördlichen Taiga beträgt die Vegetationszeit 140-170 Tage bei nur 90 bis 100 frostfreien Tagen.[10] Dieser Umstand behindert im Norden den Anbau von wärmeliebenden pflanzlichen Kulturen. Die Niederschlagsmenge der Taiga beträgt im Durchschnitt 400-600 mm/Jahr und übersteigt damit die Verdunstungsmöglichkeit, weswegen die Flüsse der Taiga im Sommer Hochwasser führen. Eine Ausnahme bildet dabei das niederschlagsarme Gebiet Zentraljakutiens.

Die Mischwaldzone hat ein relativ feuchtes Klima mit relativ kühlem Sommer und mildem Winter. Die durchschnittliche Julitemperatur beträgt 17-18 °C, die durchschnittliche Januartemperatur liegt im Westen bei -3 °C bis -4 °C und im östlichen europäischen Zentralteil (Gebiet der Stadt Nischni Nowgorod) bei -12 °C. Die Jahresniederschlagsmenge ist mit 600-800 mm höher als die Verdunstungsmöglichkeit, weswegen das Flußnetz dicht und die Flüsse wasserreich sind. In der Zone sind bedeutende Flächen entwässert, wodurch die Ernteerträge gesteigert werden.

Die Waldsteppenzone hat ein bedeutend wärmeres und trockeneres Klima als die Mischwaldzone. Die mittlere Julitemperatur beträgt 20-21 °C. Der Winter ist mit durchschnittlichen Temperaturen von -4 °C bis -8 °C verhältnismäßig mild. Die Niederschlagsmenge beträgt im westlichen Teil 400-600 mm/Jahr, geht auf 300-400 mm in Westsibirien und auf 300-500 mm in Mittelsibirien zurück. Die Vegetationsperiode beträgt 150 Tage im Westen und 110 Tage im Osten. Wie auch in anderen Zonen nimmt die Kontinentalität des Klimas in östlicher Richtung zu. Die

---

10 Ju.V. Fedorin, V.P. Sotnikov, L.I. Egorenkov, Počvy ..., a.a.O., S. 74.

Wahrscheinlichkeit für das Auftreten von Dürrejahren ist in den östlichen Gebieten größer und beträgt 23 %.[11]

In der Steppenzone herrscht kontinentales Klima, das wärmer und trockener als das Waldsteppenklima ist. Die durchschnittliche Julitemperatur beträgt 22-23,5 °C. Die jährliche Niederschlagsmenge sinkt von 300-400 mm im westlichen Teil auf 200-400 mm in Ostsibirien. Die Vegetationsperiode beträgt 180 Tage im Westen und geht auf 120 Tage in Ostsibirien zurück. Von West nach Ost wird der Winter kälter und länger, der Sommer heißer und trockener. Die Niederschlagsmengen sind wesentlich geringer als die Verdunstungsfähigkeit im überwiegenden Teil der Zone. Dürreperioden treten in 45-50 % der Jahre auf, am häufigsten in den Gebieten östlich der Wolga.[12]

In der Halbwüstenzone ist das Klima trocken und extrem kontinental. Die durchschnittliche Julitemperatur beträgt 22-24 °C. Der Winter ist sehr kalt, wobei die durchschnittliche Januartemperatur bei -16 °C liegt. Die jährliche Niederschlagsmenge beträgt weniger als 250 mm.[13]

Für die Wüstenzone ist ein extrem kontinentales Klima mit äußerster Trockenheit charakteristisch. Die durchschnittliche Julitemperatur liegt bei 25-29 °C. Der Winter ist für diese Breiten mit durchschnittlichen Januartemperaturen von etwa -12 °C ungewöhnlich kalt. Die Niederschlagsmenge beträgt nicht mehr als 150 mm/Jahr.[14]

1.5 Landwirtschaftliche Nutzung der Böden

Die agroklimatischen Bedingungen für eine ökonomisch sinnvolle landwirtschaftliche Bodennutzung sind auf dem größten Teil des russischen Territoriums nicht gegeben. Von den mehr als 1,7 Mrd. ha des Territoriums befindet sich ein beachtlicher Anteil in kalten Regionen, die für den

---

11 Ju.V. Fedorin, V.P. Sotnikov, L.I. Egorenkov, Počvy ..., a.a.O., S. 73 ff.

12 Ebenda, S. 82 ff.

13 A. A. Borisov, Klimaty SSSR v prošlom, nastojaščem i buduščem. Leningrad 1975, S. 181 f.

14 Die Union ..., a.a.O., S. 172.

Pflanzenbau ungeeignet sind. In manchen Jahren tritt vor allem in südlichen Regionen Dürre auf, die mehr als die Hälfte der Fläche umfaßt. Nur ein Prozent der landwirtschaftlichen Nutzfläche (LN) verfügt gleichzeitig über ausreichende Wärme und Durchfeuchtung der Böden. Die durchschnittlichen Getreideernteerträge ganz Rußlands variieren zwischen den witterungsbedingt günstigsten und ungünstigsten Jahren um 7 dt/ha und mehr und erreichen Differenzen bis zu 40 %.[15]

Die LN betrug zum 31.12.1992 210,6 Mio. ha bzw. 12,4 % der gesamten Fläche Rußlands.[16] Dieser Anteil ist sehr niedrig im Vergleich zu den meisten anderen Ländern, darunter auch im Vergleich zu den anderen ehemaligen Unionsrepubliken. Diese verfügen über eine LN, die rund 66,1 % ihres Territoriums ausmacht.[17]

In Rußland werden zwar die in den südlichen Regionen gelegenen fruchtbaren Böden, d.h. vor allem die Schwarzerden, die Grauen Waldböden und die Kastanienbraunen Böden, weitgehend für die Landwirtschaft genutzt, doch große Flächen in den nördlichen Gebieten stehen der Landwirtschaft nicht zur Verfügung. Die LN geht infolge der Industrialisierung, der Urbanisierung und des Ausbaus von Verkehrswegen ständig zurück (siehe Tab. 1).

Der Anteil der Ackerfläche an der LN ist mit rund 62 % nicht besonders hoch, dagegen beträgt der von Weiden 28 %. In 12 Jahren ist die LN um 8,4 Mio. ha bzw. um 3,8 % zurückgegangen. Nicht geringer als die quantitativen Verluste sind die qualitativen. Gemäß den Angaben russischer Agrarexperten betrug der Verlust an Humus im Jahre 1992 mehr als 80 Mio. t. Mehr als 125 Mio. ha sollen von der Bodenerosion bedroht sein. Wegen der Bodenerosion durch Wasser habe bereits ein Anteil von 10 % der Ackerfläche 30-60 % der Bodenfruchtbarkeit eingebüßt. Hinzu

---

15 N. Komov, Zemel'nye otnošenija i zemel'naja reforma v Rossii. In: APK: Ėkonomika, upravlenie, 3/1993, S. 18.

16 Rossijskaja Federacija v 1992 godu. Statističeskij ežegodnik. Moskva 1993, S. 416.

17 Angaben zum 1.11.1990. Errechnet aus Narodnoe chozjajstvo SSSR v 1990 g. ..., a.a.O., S. 468.

komme, daß mehr als die Hälfte der LN versumpft, zu feucht, zu sauer bzw. versalzt sei.[18]

Tabelle 1: Entwicklung der landwirtschaftlichen Nutzfläche 1980-1992*

	1980	1985	1990	1991	1992
Landwirtschaftliche Nutzfläche, insgesamt	219,0	218,4	213,7	213,0	210,6
darunter:					
Ackerfläche, Mio. ha	133,9	133,9	131,8	131,1	130,0
Anteil in %	61,1	61,3	61,7	61,6	61,7
Wiesen, Mio. ha	24,5	23,8	20,0	19,8	19,4
Anteil in %	11,2	10,9	9,4	9,3	9,2
Weiden, Mio. ha	59,3	59,2	60,1	59,9	58,9
Anteil in %	27,1	27,1	28,1	28,1	28,0

* Jeweils zum 1.11., für 1992 zum 31.12.

Quellen: Narodnoe chozjajstvo RSFSR v 1980 g. Statističeskij ežegodnik. Moskva 1991, S. 132; Narodnoe chozjajstvo Rossijskoj Federacii. 1992. Statističeskij ežegodnik. Moskva 1992, S. 416; Rossijskaja Federacija ...,a.a.O., S. 417.

Ein großer Teil der LN liegt in Gebieten des sogenannten riskanten Pflanzenbaus, weil dort die jährlichen Niederschlagsmengen weniger als 400 mm betragen und nicht selten Dürreperioden auftreten. Ohne künstliche Bewässerung können keine stabilen Ernten erzielt werden. Demgegenüber sind viele Böden, vor allem in nördlichen Regionen, zu stark durchfeuchtet, so daß nur mittels Dränage befriedigende Ernten möglich sind. Meliorierte Böden nehmen eine Fläche von 10,4 Mio. ha ein, darunter sind 5,6 Mio. ha bewässert und 4,8 Mio. ha entwässert. Auf diesen Böden wird ein Anteil von 15 % der pflanzlichen Produktion erzielt. Auf bewässerten Flächen werden der gesamte Reis, 70 % des Gemüses, 25 % des Rauh- und des Saftfutters und 20 % der Körnermaisernte erzeugt.

[18] Krest'janskie vedomosti, 24/1993, S. 3.

In den letzten Jahren sind die Erträge auf meliorierten Böden rückläufig, mancherorts sind sie um 20-30 % gesunken. In schlechtem Zustand befinden sich 13 % der bewässerten Flächen. Die wichtigste Ursache hierfür ist mangelnde Wartung, weil die Produktionskosten auf meliorierten Böden hoch sind und sich infolge relativ niedriger Preise für pflanzliche Produkte nicht immer auszahlen.[19]

Von Agrarexperten wurde eine niedrige Effizienz der meliorierten Böden in dem Sinne festgestellt, daß z.B. bei Getreide die Produktionskosten wesentlich höher waren als die erzielten Verkaufspreise. Sowohl bei der Durchführung der Meliorationsmaßnahmen als auch bei der Nutzung der meliorierten Böden wurden schwerwiegende Fehler begangen. So sollen z.B. bei der Bewässerung ohnehin zu hohe Bewässerungsnormen bestehen; diese wurden in der Praxis noch überschritten, in Rußland um durchschnittlich 30 %. Die Folgen von Überwässerung sind Versalzung und Versumpfung von landwirtschaftlichen Flächen.[20]

Hinzu kommt, daß durch die Atomreaktorkatastrophe von Tschernobyl im Jahre 1986 rund 2 Mio. ha LN Rußlands verseucht sind. Weil jedoch in der ehemaligen Sowjetunion die Grenzwerte für die zulässige Kontamination von Nahrungsmitteln wesentlich höher angesetzt waren als in den westlichen Ländern und die radioaktive Verseuchung der Böden von Moskau stark verharmlost wurde, sind in Rußland keine Flächen der landwirtschaftlichen Nutzung entzogen worden. Insofern hat die radioaktive Verseuchung der russischen Böden zu keiner quantitativen Verringerung der LN geführt.[21]

---

19 Krest'janskie vedomosti, 24/1993, S. 2.

20 N. Penkaitis, Investitionen in der sowjetischen Landwirtschaft. Berlin 1990, S. 51 f. (Gießener Abhandlungen zur Agrar- und Wirtschaftsforschung des europäischen Ostens 176).

21 Stillgelegt wurde lediglich sehr stark kontaminierte LN in Weißrußland und in der Ukraine. Die Bodenkontamination bewirkt keinen Ernteausfall, sondern ganz im Gegenteil, radioaktives Cäsium und Strontium, mit Halbwerten von fast 30 Jahren, werden von den Pflanzen mit Kalium bzw. Kalzium verwechselt und gern aufgenommen. Siehe hierzu N. Penkaitis, Tschernobyl und Folgen für die sowjetische Landwirtschaft. Berlin 1988, S. 99 ff. (Gießener Abhandlungen zur Agrar- und Wirtschaftsforschung des europäischen Ostens 161).

Gemäß russischen Expertenschätzungen führt der gesamte Verlust an Bodenfruchtbarkeit zu einem hohen Ausfall der pflanzlichen Produktion, der mit rund 40 Mio. t Getreideeinheiten beziffert wird.[22]

1.6 Wirtschaftliche Ausgangsbasis für die Landwirtschaft

Unter den Bedingungen der Zentralplanwirtschaft war die Entwicklung der Landwirtschaft durch die staatlichen Vorgaben weitgehend vorprogrammiert. Die sozialistischen landwirtschaftlichen Betriebe erhielten verbindliche Lieferpläne für die wichtigsten landwirtschaftlichen Erzeugnisse. Die Aufkaufpreise wurden vom Staat festgelegt. Erst durch die Agrarreform unter Gorbatschow wurde den Kolchosen und Sowchosen das Recht eingeräumt, die Anbauflächen, Hektarerträge, Viehbestände und -produktivität sowie die Bruttoproduktion des Pflanzenbaus und der Tierzucht selbständig zu planen.

Die Produktion von Betriebsmitteln für die landwirtschaftlichen Betriebe wurde zentral geplant, und ihre Verteilung verlief auch nach dem Plan. Die staatlichen Einzelhandelspreise für Grundnahrungsmittel wurden aus sozialpolitischen Gründen weitgehend stabil gehalten, obwohl die Produktionskosten für landwirtschaftliche Erzeugnisse ständig stiegen und die staatlichen Aufkaufpreise entsprechend erhöht wurden, um die Erzeugerbetriebe am Leben zu erhalten. Die ständig wachsenden Kosten wurden vom Staatshaushalt gedeckt. Schlecht wirtschaftende und verlustbringende Kolchose und Sowchose erhielten finanzielle Unterstützung vom Staat. Die im Vergleich zu entwickelten Ländern niedrige Produktivität der sowjetischen Landwirtschaft hat zu Lücken in der Versorgung der Bevölkerung mit Nahrungsmitteln geführt, die weitgehend durch Importe gedeckt wurden.

Die staatliche Bevormundung und Unterstützung der sozialistischen Agrarbetriebe wurde im Zuge der Agrarreformen unter Gorbatschow in der Sowjetunion und insbesondere unter Jelzin in der neuentstandenen Rußländischen Föderation stark abgebaut. Die Landwirtschaft konnte nicht mehr mit einer großzügigen staatlichen Unterstützung rechnen, weil

---

22 N. Radugin, Agrarnaja reforma v Rossii. In: APK: Ėkonomika, upravlenie, 3/1993, S. 7 f.

sich die Wirtschaftslage der Sowjetunion bzw. Rußlands in der Übergangsphase von der Zentralplanwirtschaft zur Marktwirtschaft erheblich verschlechtert hatte.

Bald nach dem Amtsantritt von Gorbatschow war die finanzielle Lage der Sowjetunion und damit auch Rußlands zunehmend schwieriger geworden. Die Gründe dafür waren sowohl hausgemachte als auch auswärtige. Der Versuch, demokratische und liberale Elemente in die Wirtschaftsleitung einzubringen, brachte in erster Linie Einkommenssteigerungen, die die Steigerung der Arbeitsproduktivität beträchtlich übertrafen. So stiegen z.B. in der Periode 1986-1989 das produzierte Nationaleinkommen und die Produktivität im gesellschaftlichen Sektor um jeweils 2,7 %, die Geldeinkommen der Bevölkerung um 7,4 %.[23] Die Folge war die Ingangsetzung der Lohn-Preis-Spirale. Die Einnahmen des Staatshaushaltes sanken beachtlich durch den starken Rückgang der Alkoholproduktion im Zuge der Antialkohol-Kampagne und durch entsprechenden Ausfall der ertragreichen Alkoholsteuer. Die Staatsausgaben dagegen stiegen unter anderem durch die Auswirkungen der Atomreaktorkatastrophe von Tschernobyl aus dem Jahre 1986. Die Inlandsverschuldung des Staates stieg von 141,6 Mrd. Rubel Ende 1985 auf 566,1 Mrd. Rubel 1990, und der entsprechende Anteil am Bruttosozialprodukt erhöhte sich von 18,2 % 1985 auf 56,6 % im Jahre 1990.[24] Die entstandenen Staatshaushaltsdefizite wurden überwiegend durch erhöhte Geldemission ausgeglichen und beschleunigten damit die ohnehin hohe Inflation.

Gleichzeitig wurde die sowjetische Volkswirtschaft durch eine enorme Verschlechterung der Außenhandelsbilanz betroffen. Ab 1986 sind die Weltmarktpreise für den wichtigsten sowjetischen Devisenbringer, nämlich Erdöl, stark gesunken. Darüber hinaus sanken auch die Produktion von Erdöl und die Preise für andere wichtige sowjetische Exportgüter wie Erdgas, Metalle und andere Rohstoffe.

Die Wirtschaftsreformen in der Sowjetunion, wie auch seit Ende 1991 in der Rußländischen Föderation, die ja einen wirtschaftlichen Aufschwung bringen sollten, waren, wie z.B. das sog. "500-Tage-Programm" zur Um-

---

23 Narodnoe chozjajstvo SSSR v 1989 g. Statističeskij ežegodnik. Moskva 1990, S. 9.

24 Ebenda, S. 19.

wandlung der Plan- zu einer Marktwirtschaft, nicht nur illusionär und schlecht vorbereitet, sondern sie haben die alten, wenn auch mehr schlecht als recht, aber doch funktionierenden Wirtschaftsstrukturen zerstört, bevor neue, marktwirtschaftlich orientierte, aufgebaut werden konnten. Zudem hat der Zerfall des Rates für gegenseitige Wirtschaftshilfe (RGW) und der Sowjetunion dazu beigetragen, daß ein großer Teil der wirtschaftlichen Beziehungen zwischen den sozialistischen Ländern und zwischen den Unionsrepubliken und Wirtschaftssubjekten zerstört wurde. Das führte zu katastrophalen Folgen für die Wirtschaft nicht zuletzt deswegen, weil im gesamten RGW-Raum wie auch in der Sowjetunion zum Teil gigantische Monopolbetriebe bestanden, die den ganzen Ostblock bzw. die ganze Sowjetunion mit ihrer Produktion belieferten.

Von der allgemeinen Wirtschaftskrise blieb auch die Landwirtschaft Rußlands nicht verschont. Sie wurde mehrfach betroffen, weil die früheren staatlichen Hilfen weitgehend eingeschränkt wurden, die Versorgung mit Betriebsmitteln sich stark verschlechterte und deren Preise überdurchschnittlich hochgeschnellt sind. Zudem kommen die Schwierigkeiten der Umstellung von der Planwirtschaft zu einer marktwirtschaftlich orientierten Landwirtschaft.

Die staatlichen Finanzhilfen für die Landwirtschaft Rußlands betrugen im Jahr 1992 3,5 % des Bruttosozialproduktes, sanken 1993 auf 1,7 %, und gemäß dem Staatshaushaltsplan für das Jahr 1994 soll der entsprechende Anteil nur noch 0,7-0,8 % ausmachen.[25] Das bedeutet, daß dieser Anteil auf rund ein Fünftel gesunken ist, wobei wegen des Rückgangs des Sozialprodukts die absolute Finanzhilfe noch stärker reduziert wurde. Das Bruttosozialprodukt war in der ersten Hälfte des Jahres 1994 um 28 % niedriger als in der entsprechenden Periode 1992. Hinzu kommt, daß die landwirtschaftlichen Betriebe große Schwierigkeiten haben, die von ihnen dringend benötigten Kredite zu erhalten. Die Regierung hat zwar für das Jahr 1994 eine Billion Rubel Kredite zu vergünstigten Konditionen bewilligt, doch ein großer Teil erreicht die landwirtschaftlichen Betriebe nicht, weil die meisten Banken nicht gewillt sind, diese Gelder zu vermitteln, denn ihre Rückzahlung ist nicht abgesichert.

---

25 Obščaja bol', obščaja zabota. In: APK: Ėkonomika, upravlenie, 8/1994, S. 26.

Nach wie vor wird die Entwicklung der Volkswirtschaft durch hohe Inflationsraten behindert, wenn auch die jährliche Inflationsrate von 345 % Anfang 1992 auf 106 % Mitte 1994 gedrückt wurde. Von der Inflation wird die Landwirtschaft besonders stark betroffen. Während die Preise für landwirtschaftliche Erzeugnisse von 1990 bis Mitte 1994 um das 400-500fache gestiegen sind, erhöhten sie sich für Mineraldünger 1 500-1 700mal, für Energieträger 2 700-2 800mal und für die Eisenbahntarife 4 000mal.[26] Überdurchschnittlich stark sind die Preise im Verhältnis zu Preisen für landwirtschaftliche Erzeugnisse auch für andere landwirtschaftliche Betriebsmittel und Dienstleistungen für die Landwirtschaft gestiegen. Infolgedessen ist die Landwirtschaft von der allgemeinen Wirtschaftskrise stärker betroffen als die meisten anderen Wirtschaftszweige.

Es ist noch nicht abzusehen, wann die Wirtschaftskrise Rußlands überwunden wird. Solange kann auch keine spürbare staatliche Finanzhilfe für die Landwirtschaft erwartet werden. Diese wäre aber notwendig, um nicht nur die Existenz für die etablierten landwirtschaftlichen Betriebe abzusichern, sondern auch Starthilfe bei Neugründung von privaten bäuerlichen Wirtschaften zu gewähren.

---

[26] Sel'skaja žizn', 104/1994, S. 2.

2 ENTSTEHUNG DES SOZIALISTISCHEN AGRARSYSTEMS IN RUSSLAND

2.1 Etablierung der sozialistischen Landwirtschaftsbetriebe

Nach der Oktoberrevolution im Jahre 1917 wurde sogleich die Sozialisierung der Landwirtschaft eingeleitet. Die Großgrundbesitzer sollten entmachtet und sozialistische Wirtschaftsverhältnisse in ganz Rußland eingeführt werden. Die rechtlichen Grundlagen für die Etablierung des Sozialismus auf dem Lande wurden von der Sowjetmacht durch die Dekrete "Über den Boden", erlassen am 8. November 1917, und "Über die Sozialisierung des Bodens", erlassen am 9. Februar 1918, gelegt. In der Anfangsphase der Sozialisierung der Landwirtschaft wurde der von den Großgrundbesitzern beschlagnahmte Boden Einzelbauern zugeteilt. Bald danach jedoch wurde diese Praxis eingestellt, weil der Aufbau einer sozialistischen Landwirtschaft in Form von großen Kollektivwirtschaften und Staatsgütern vorgesehen war.

Nachdem der Staat zum alleinigen Eigentümer an allem Grund und Boden geworden war, ging die Sowjetführung dazu über, die Umwandlung der privaten landwirtschaftlichen Betriebe in sozialistische Betriebsformen voranzutreiben. Im März 1919 hat der VIII. Parteikongreß der Bolschewiki beschlossen, in möglichst kurzer Zeit sozialistische Formen der Landbewirtschaftung einzuführen. Als mögliche Betriebsformen waren verschiedene kollektive Bewirtschaftungsarten vorgesehen. Zur Auswahl standen sog. Arbeits-Artels,[27] landwirtschaftliche Produktionskommunen sowie Genossenschaften bzw. Gesellschaften zur gemeinsamen Bodenbearbeitung und "andere landwirtschaftliche Zusammenschlüsse".[28]
Das Arbeits-Artel war anfangs die häufigste Form von Kollektivwirtschaften. Hier waren der Boden und bewegliche Produktionsmittel vergesellschaftet, wobei lediglich das Kleininventar zur Bearbeitung des Hoflands, eine begrenzte Menge des Viehs, das Wohnhaus und die für die Hoflandwirtschaft erforderlichen Wirtschaftsgebäude Privateigentum waren. Die Erträge gemeinschaftlicher Arbeit wurden entsprechend der je-

---

27 Als Artel wurde eine Arbeitsgenossenschaft im alten Rußland bezeichnet.

28 K.-E. Wädekin, Sozialistische Agrarpolitik in Osteuropa. Bd. I. Berlin 1974, S. 36 ff. (Gießener Abhandlungen zur Agrar- und Wirtschaftsforschung des europäischen Ostens 63).

weils geleisteten Arbeit verteilt. Die Hoflandwirtschaft, die jeder Bauernfamilie zustand, war ein besonderes Charakteristikum des Artels, kennzeichnend und gedacht für einen landwirtschaftlichen Betrieb im Übergangsstadium des Sozialismus. Sie ist dann allerdings auch nach Beendigung der Sozialisierung der Landwirtschaft erhalten geblieben.

Die landwirtschaftlichen Produktionskommunen entstanden gleich nach der Revolution, als Landarbeiter, Bauern und Soldaten auf enteignetem Grund und Boden zu dessen Bearbeitung eingesetzt wurden. Diese Kommunen wiesen einen hohen Grad der Vergesellschaftung auf. Hier waren alle Produktionsmittel Gemeinschaftseigentum, und die Erträge wurden anfangs an alle, die überhaupt nur mitgearbeitet hatten, verteilt. Später allerdings wurde die Verteilung nach dem Prinzip der geleisteten Arbeit vorgenommen.

Die Genossenschaften bzw. Gesellschaften zur gemeinsamen Bodenbearbeitung waren Zusammenschlüsse von Bauern zur landwirtschaftlichen Produktion, wobei nur der Boden vergesellschaftet war. Die übrigen Produktionsmittel blieben Privateigentum der Mitglieder. Der Ertrag wurde entsprechend der geleisteten Arbeit verteilt.[29]

Alle diese Formen kollektiver Landwirtschaftsbetriebe wurden vor der allgemeinen Kollektivierung von der Sowjetführung durch Vergünstigungen und finanzielle Hilfe unterstützt. Wichtige Bestimmungen für die Gründung von Kollektivwirtschaften brachte die Verordnung "Über die sozialistische Bodenordnung und über Maßnahmen zum Übergang zur sozialistischen Landbestellung" vom 14. Februar 1919.[30] Diese Verordnung brachte auch die erste gesetzliche Regelung zum Erlaß von Statuten für die bestehenden Kollektivwirtschaften. Von Bedeutung war das Musterstatut für das landwirtschaftliche Artel, welches Aufbau und Funktionen dieser später als "Kolchos" bezeichneten Betriebe festlegte. Demnach war ein Kolchos ein freiwilliger Zusammenschluß von Bauern, wobei der gesamte Boden unteilbar war und die Pflicht bestand, Vieh und Arbeitsgerät einzubringen und sich einer gemeinsamen Verwaltung zu unterwerfen.

---

29 I.V. Pavlov, Kolchoznoe pravo. Moskva 1960, S. 32 ff.

30 Sobranie uzakonenij i rasporjaženij Raboče-Krest'janskogo Pravitel'stva RSFSR 1919, Nr. 4, Pos. 43.

Den Mitgliedern eines Kolchos wurde ein Hofland mit begrenzter Zahl von Vieh zugestanden.[31]

Die von der Sowjetführung angestrebte Kollektivierung schritt trotz staatlicher Förderung und wirtschaftlichen Drucks auf die Bauern nur sehr langsam voran. Als ein Mittel, die Bauern zum Kolchosbeitritt zu veranlassen und die bäuerlichen Produktionsmittel in Kolchosbesitz zu überführen, wurde am 27. Dezember 1929 auf der Konferenz marxistischer Agrarwissenschaftler der Übergang zur Politik der "Liquidierung des Kulakentums als Klasse" von Stalin verkündet.[32] Am 5. Januar 1930 wurde von der Parteiführung der Beschluß "Über das Tempo der Kollektivierung und staatliche Hilfsmaßnahmen für den Aufbau der Kolchose" verabschiedet.[33] Damit war die Grundlage für eine Zwangskollektivierung geschaffen. Die damit einhergehenden Zwangsdeportationen von Kulaken nach Sibirien und in andere entlegene Regionen sowie mitunter brutale Gewalt gegenüber den nicht beitrittswilligen Bauern haben eine rasche Entstehung von Kolchosen bewirkt. Allein zwischen dem 20. Januar und dem 20. Februar 1930 stieg die Kollektivierungsrate der Bauernwirtschaften von 21,6 auf 52,7 % an.[34] Mitte des Jahres 1936 waren in der RSFSR 90,5 % der Bauernhaushalte kollektiviert. Dieser Kollektivierungsgrad entsprach auch dem Durchschnitt der gesamten Sowjetunion. Die nichtkollektivierten Bauernwirtschaften waren wirtschaftlich unbedeutend, denn sie verfügten nur über einen Anteil von 1,5 % der Saatfläche der RSFSR.[35]

Neben der Kollektivierung wurden von der Sowjetführung auch zunehmend stärker staatliche Agrarbetriebe (Sowchose) aufgebaut. Die ersten entstanden nach der Enteignung von ehemaligen Großbetrieben, doch sie erreichten anfangs keine größere wirtschaftliche Bedeutung. Erst 1928

---

31 Sobranie zakonov i rasporjaženij Raboče-Krest'janskogo Pravitel'stva SSSR 1930, Nr. 34, Pos. 255.

32 Als Kulaken wurde die Oberschicht des Dorfs bezeichnet. Siehe S. Merl, Bauern unter Stalin. Berlin 1990, S. 71 f. (Gießener Abhandlungen zur Agrar- und Wirtschaftsforschung des europäischen Ostens 175).

33 N.I. Anisimov, Pobeda socialističeskogo sel'skogo chozjajstva. Moskva 1947, S. 20.

34 S. Merl, Bauern ..., a.a.O., S. 74.

35 Ebenda, S. 245.

wurde von der Parteiführung der Beschluß gefaßt, im Laufe von 4-5 Jahren große Getreidesowchose zu gründen, die dem Staat jährlich 100 Mio. Pud (1,6 Mio. t) Getreide liefern sollten. Bereits Anfang 1929 bestanden in der RSFSR 775 Sowchose, und ihre Zahl hatte sich auf 2 418 Anfang 1933 erhöht.[36] Die größten Sowchose waren auf Getreideproduktion spezialisiert und erreichten Betriebsflächen von 100 000 ha und mehr, wie z.B. der Paradebetrieb "Gigant" im Nordkaukasus-Gebiet mit 160 000 ha Betriebsfläche. Nach einem Regierungsdekret vom 22. Dezember 1922 sollten die Getreidesowchose jedoch nicht mehr als 20 000 - 25 000 ha Ackerland umfassen. Nachdem sich die nachteiligen Folgen der Monokultur herausstellten, wurde auch die übermäßige Spezialisierung der Anfangszeit aufgegeben und mehr eine gemischte Produktionsweise praktiziert.[37]

2.2 Die historische Rolle der MTS für die Sozialisierung der Landwirtschaft

Für die Umwandlung von Bauernwirtschaften in große sozialistische Agrarbetriebe waren in der Sowjetunion Anfang der 30er Jahre und auch bedeutend später die notwendigen wirtschaftlichen Voraussetzungen nicht gegeben, und das sowohl aus organisatorischer, technischer als auch finanzieller Sicht. Die für eine großbetriebliche Produktionsweise notwendige landwirtschaftliche Technik hat weitgehend gefehlt, weswegen der Versuch gestartet wurde, diese zu konzentrieren und leihweise intensiv zu nutzen. Nach einem Regierungsbeschluß wurde Mitte 1929 mit dem Aufbau der MTS (Maschinen-Traktoren-Stationen) begonnen, die später eine große Rolle für die sozialistische Landwirtschaft spielten. Ihre Rolle erschöpfte sich nicht nur im technischen Bereich, wenn auch dieser im Vordergrund stand. Die MTS hatten darüber hinaus die Aufgabe, den privaten Sektor in der Landwirtschaft zu verdrängen und den sozialistischen

---

36 Narodnoe chozjajstvo RSFSR v 1959 g. Statističeskij ežegodnik. Moskva 1960, S. 209.

37 In der ganzen Sowjetunion bestanden Ende 1920 2 832 Sowchose, von denen sich nur 370 auf die Produktion von Getreide, 434 auf die von Milch und Fleisch, 402 auf die von Gemüse, Obst und Kartoffeln, 350 auf die Zucht von Schweinen und 115 auf die von Schafen spezialisiert hatten. Die übrigen spezialisierten sich vor allem auf die Produktion von Saatgut, Baumwolle und anderen technischen Kulturen sowie auf Pferde-, Rentier- und Geflügelzucht. Siehe Sel'skoe chozjajstvo SSSR. Statističeskij sbornik. Moskva 1960, S. 42.

zu festigen. Sie betätigten sich als Kontrolleure des Staates und Parteipropagandisten. MTS waren so konzipiert, daß sie die landwirtschaftliche Produktion ihrer Region und die Ablieferung der landwirtschaftlichen Erzeugnisse an den Staat beeinflussen und kontrollieren konnten. Sie wurden auch als ein Druckmittel bei der Kollektivierung eingesetzt, denn für ihre Dienstleistungen an private Bauernwirtschaften wurden höhere Entgelte als für sozialistische Agrarbetriebe abverlangt. An jeder MTS wurde eine Organisation der Kommunistischen Partei aufgebaut, die für die Durchsetzung der Richtlinien der Partei und die politische Schulung der Kolchosmitglieder in ihrem Betreuungsgebiet verantwortlich war.

In der RSFSR wurden Anfang 1929 vier MTS gegründet, und ihre Zahl erhöhte sich bis Ende 1932 auf 1507.[38] In der Anfangsperiode waren die MTS unzureichend mit landwirtschaftlicher Technik ausgestattet. Die fehlende Zugkraft von Traktoren wurde zum Teil durch Pferdekraft ausgeglichen. Erst mit der Forcierung der Produktion von Traktoren und anderen Landmaschinen wurden die MTS in die Lage versetzt, einen großen Teil der Feldarbeiten in den landwirtschaftlichen Betrieben zu übernehmen.

2.3 Bildung des agroindustriellen Komplexes

Der agroindustrielle Komplex ist ein Produkt und wichtiger Bestandteil des sozialistischen Wirtschaftssystems. Er umfaßt die Landwirtschaft, die Wirtschaftszweige zur Herstellung von Betriebsmitteln für die Landwirtschaft, die Verarbeitung von landwirtschaftlichen Erzeugnissen sowie ihre Vermarktung.

Der Grundstein für den agroindustriellen Komplex wurde durch die Kollektivierung und Verstaatlichung der Bauernwirtschaften gelegt. Vor der flächendeckenden Kollektivierung und auch in den ersten Jahren danach war der Mechanisierungsgrad der Landwirtschaft sehr niedrig. Die wichtigste Zugkraft waren Pferde, es fehlte weitgehend an Landmaschinen und anderer Technik. Die Verwendung von Mineraldünger und anderen Betriebsmitteln war auf einem sehr niedrigen Niveau.

---

38 Narodnoe chozjajstvo RSFSR v 1959 g. ..., a.a.O., S. 209.

In den 20er Jahren wurden zwar schon Traktoren hergestellt, doch in einem sehr geringen Umfang. Ihre Produktion betrug 1925 600 Stück und stieg auf 3 000 im Jahre 1929 an. Mit dem Beginn der Zwangskollektivierung wurde ihre Produktion forciert und stieg von 8 600 Stück im Jahre 1930 auf 40 300 1937 an, fiel dann allerdings 1940 auf 21 200 zurück.[39] Mit der Produktion von Mähdreschern wurde Anfang der 30er Jahre begonnen. 1932 wurden 4 100, 1937 26 100 und 1940 5 400 Mähdrescher hergestellt.[40] Analog verlief die Produktion von anderen Landmaschinen, wobei wie bei Traktoren und Mähdreschern die Produktion 1940 in der Regel niedriger war als 2-3 Jahre zuvor, weil die Industrieproduktion verstärkt auf den Bedarf der Rüstungsindustrie umgestellt wurde.

Die Forcierung der industriellen Produktion von Betriebsmitteln für die Landwirtschaft hat wesentlich zur Stärkung des sozialistischen Sektors in der Landwirtschaft beigetragen. Erst dadurch wurden die Gründungen der MTS und die fortschreitende Mechanisierung der landwirtschaftlichen Arbeiten ermöglicht. Doch insbesondere in den ersten Jahren der flächendeckenden Kollektivierung war die Ausstattung der sozialistischen Agrarbetriebe wie auch der MTS mit Technik unzureichend, so daß die Bestellung der Felder und ihr Abernten sich schwierig gestalteten.

Auf einem sehr niedrigen Niveau war auch die industrielle Verarbeitung von landwirtschaftlichen Erzeugnissen, weil die Kapazitäten unzureichend waren. Die Statistik der RSFSR weist für die Verarbeitungsindustrie nur wenige Produktionszahlen für Nahrungsmittel aus. So betrug z.B. die Produktion von Zucker im Jahre 1932 235 000 t, stieg auf 517 000 t 1937 und fiel dann auf 359 000 t im Jahre 1940 zurück. Die Pflanzenölproduktion stieg von 68 000 t 1928 auf 139 000 t 1937 und auf 141 000 t 1940.[41] Die industrielle Verarbeitung von landwirtschaftlichen Erzeugnissen zu Nahrungsmitteln wurde erst in der Nachkriegsperiode stärker entwickelt.

Der sowjetische und damit auch der rußländische agroindustrielle Komplex war überwiegend in staatlicher Hand. An der landwirtschaftlichen Produktion hatten zwar Kolchose den größten Anteil; diese gehörten,

---

[39] Narodnoe chozjajstvo RSFSR v 1959 g. ..., a.a.O., S. 114.

[40] Ebenda, S. 115.

[41] Narodnoe chozjajstvo RSFSR, statističeskij sbornik. Moskva 1957, S. 103 f.

rechtlich gesehen, nicht dem Staat, wurden jedoch von ihm in einer Art und Weise gelenkt, als wären sie sein Eigentum. Der zweitwichtigste Produzent waren Sowchose, deren Bedeutung allmählich zunahm. Der private landwirtschaftliche Sektor bestand zunächst aus wenigen kleinen Bauernwirtschaften, die sich gegenüber der Zwangskollektivierung behauptet hatten und erst in den Nachkriegsjahren aufgaben. Eine beachtliche wirtschaftliche Bedeutung erlangten Hoflandwirtschaften der Kolchosbauern sowie kleine Nebenerwerbswirtschaften der ländlichen und städtischen Bevölkerung, deren Größen vom Staat reglementiert waren.

Die industrielle Produktion von Betriebsmitteln für die Landwirtschaft war ausschließlich in staatlicher Hand. Auch alle größeren Betriebe im Bereich der Verarbeitung und Vermarktung der landwirtschaftlichen Erzeugnisse gehörten dem Staat. Lediglich wenige kleinere Verarbeitungsbetriebe und Lebensmittelgeschäfte gehörten den Genossenschaften. Die Bezeichnung "agroindustrieller Komplex" hat sich erst wesentlich später, d.h. in der späteren Nachkriegsperiode, eingebürgert. In der Statistik der RSFSR hat diese Bezeichnung erst ab 1983 Eingang gefunden.

3 ENTWICKLUNG DES AGROINDUSTRIELLEN KOMPLEXES

3.1 Stellung des agroindustriellen Komplexes in der Volkswirtschaft

In der sozialistischen Volkswirtschaft war der Anteil der Landwirtschaft an der Volkswirtschaft höher als in den westlichen Industrieländern, was vor allem darauf zurückzuführen ist, daß die sowjetische Konsumgüterindustrie und der Dienstleistungsbereich relativ schwach entwickelt waren. Dabei wurde das vorhandene Produktionspotential der Landwirtschaft bei weitem nicht ausgeschöpft. Hinzu kommt, daß die erzeugten Agrarrohstoffe ineffizient verwertet wurden. Im Resultat konnte die Land- und Ernährungswirtschaft den Bedarf der Bevölkerung an landwirtschaftlichen Erzeugnissen nicht decken. In Sowjetrußland war der Fehlbedarf an Nahrungsmitteln und anderen Agrarerzeugnissen höher als im Durchschnitt der Sowjetunion. Das hängt damit zusammen, daß aufgrund der reichen Rohstoffbasis Rußlands die Forcierung der Schwerindustrie Vorrang hatte, während die Land- und Ernährungswirtschaft weitgehend vernachlässigt wurde. Wichtigste Aufgabe der Landwirtschaft in der Industrialisierungsperiode war die Lieferung von billigen landwirtschaftlichen Erzeugnissen und billiger Arbeitskraft.

So war auch der Anteil der Produktion des agroindustriellen Komplexes am Bruttosozialprodukt in Rußland niedriger als im übrigen Teil der Sowjetunion. Er betrug im letzten Kalenderjahr des Bestehens der RSFSR, d.h. 1990, 30,9 % (siehe Tab. 2), während er im Durchschnitt der Sowjetunion einen Anteil von 35 % hatte.[42]

In den 80er Jahren sind die Produktion des agroindustriellen Komplexes, darunter auch die der Landwirtschaft, sowie die Investitionen im Agrarbereich beachtlich gestiegen, wobei ihre Anteile am Bruttosozialprodukt bzw. an gesamtwirtschaftlichen Investitionen weitgehend konstant blieben. Rückläufig war, und dieser Trend hat sich weiterhin fortgesetzt, die Beschäftigtenzahl, vor allem in der Landwirtschaft, wobei der Besatz an Arbeitskräften in den landwirtschaftlichen Betrieben im Vergleich zu den westlichen Ländern in bezug auf die LN, und insbesondere auf die Produktion, noch immer wesentlich höher ist.

---

[42] Errechnet aus Narodnoe chozjajstvo SSSR v 1990 g. ..., a.a.O., S. 5, 42.

Tabelle 2: Stellung des agroindustriellen Komplexes in der Volkswirtschaft 1980-1993

	1980	1985	1990	1992	1993
Produktion des agroindustriellen Komplexes, Mrd. Rub.[1]	184,3	208,4	234,4	184,0	.
Anteil am Bruttosozialprodukt, %	28,9	27,7	30,2	33,5	.
Produktion der Landwirtschaft, Mrd. Rub.[1]	86,3	95,6	102,0	88,3	84,4
Anteil am Bruttosozialprodukt, %	13,5	12,7	13,2	16,1	17,5
Investitionen im agroindustriellen Komplex, Mrd. Rub.[1]	.	51,7	70,4	26,9	15,7
Anteil an Investitionen in der Volkswirtschaft, %	.	27,3	28,3	21,2	17,5
Beschäftigte im Produktionsbereich des agroindustriellen Komplexes, Mio.	16,2	16,0	15,9	14,9	.
Anteil an den Beschäftigten in der Volkswirtschaft, %	23,0	22,2	23,4	20,9	.
Beschäftigte in der Land- und Forstwirtschaft, Mio.[2]	11,0	10,7	10,0	9,7	.
Anteil an den Beschäftigten in der Volkswirtschaft, %	15,0	14,3	13,2	13,4	.

1 In Preisen von 1983.

2 Jahresdurchschnitt.

Quellen: Errechnet aus Narodnoe chozjajstvo RSFSR v 1987 g. Statističeskij ežegodnik. Moskva 1988, S. 8 f., ...v 1990 g., ..., a.a.O., S. 13 f., 393; Rossijskaja Federacija ..., a.a.O., S. 12, 121, 404; APK: Ėkonomika, upravlenie, 5/1994, S. 10.

Anfang der 90er Jahre setzte ein starker Rückgang der Produktion des gesamten agroindustriellen Komplexes ein, der nach dem politischen und wirtschaftlichen Zerfall der Sowjetunion sowohl Rußland als auch die anderen ehemaligen Unionsrepubliken betraf, wobei alle Wirtschaftsbereiche tangiert wurden. Trotz des starken Rückgangs der Agrarproduktion ist ihr Anteil am Bruttosozialprodukt gestiegen, weil vor allem die Industrieproduktion noch stärker zurückgefallen ist. Im Vergleich zu den meisten anderen ehemaligen Unionsrepubliken ist der Produktionsrückgang im Agrarbereich mäßig ausgefallen, weil die rußländische Landwirtschaft mit Energieträgern und anderen Betriebsmitteln besser versorgt werden konnte.

3.2 Grundsätze der Planung und Leitung im Agrarbereich

Der agroindustrielle Komplex der RSFSR, der größte der Unionsrepubliken, wurde wie alle anderen Wirtschaftszweige zentral geplant und geleitet. Als Richtschnur für die Aufstellung der langfristigen Wirtschaftspläne galten die Beschlüsse der höchsten Gremien der KPdSU und im Einklang mit diesen erlassene Direktiven der Unionsregierung. Diese fanden ihren Niederschlag in Plankennziffern für die Fünfjahrpläne, die die Grundlage für die Jahrespläne bildeten. Formal hatten diese Pläne Gesetzeskraft, und ihre Erfüllung war obligatorisch.

Den Schwerpunkt bei der Planung des agroindustriellen Komplexes bildete die Produktion der Landwirtschaft. Zur Erfüllung dieser wurde die Produktion der erforderlichen Betriebsmittel geplant. In Übereinstimmung damit wurden die Produktionskapazitäten zur Herstellung dieser und die hierfür benötigten Investitionsmittel bereitgestellt. Zur industriellen Verarbeitung von Agrarrohstoffen und zur Vermarktung von landwirtschaftlichen Erzeugnissen wurden Kapazitäten für die Lagerung, den Transport, die Verarbeitung und den Absatz geplant.

Die zentrale Planungsbehörde, Gosplan der UdSSR, die direkt dem Ministerrat unterstand, hat den gesamten Produktionsplan des agroindustriellen Komplexes an einzelne Unionsrepubliken aufgeteilt. Die Pläne für die landwirtschaftliche Produktion und die ihr vor- und nachgelagerten Branchen wurden von Gosplan der RSFSR in Zusammenarbeit mit den zuständigen Branchenministerien und Ressorts an die Gebietskörperschaften, d.h. an Autonome Republiken, Regionen (kraj) und Bezirke (oblast'), weitergeleitet. Diese teilten die Planvorgaben unter den ihnen unterstellten Rajons (entspricht etwa einem Landkreis) auf.[43] Die einzelnen Betriebe erhielten ihre Planauflagen von ihren übergeordneten Instanzen. Je nach Größe und Bedeutung des Betriebes gehörten diese direkt der Union, der RSFSR bzw. den Gebietskörperschaften aller Stufen an. So waren z.B. große Betriebe des Landmaschinenbaus größtenteils direkt der Union unterstellt.

Aufgrund von globalen Plankennziffern haben die einzelnen Betriebe ihre detaillierten Produktions-, Investitions- und Finanzpläne aufgestellt, die als Gegenplan (vstrečnyj plan) bezeichnet wurden. Diese wurden mit den Planungsbehörden abgestimmt und durften die Produktionsvorgaben nicht unterschreiten.

In der Stalinära wurden landwirtschaftlichen Betrieben nicht nur Produktionspläne, sondern auch Pläne für die Größe der Saatflächen und Tierbestände vorgegeben. In der Rußländischen Föderation wird heute der Terminus "Produktions- bzw. Lieferplan" nicht mehr verwendet. Für einzelne Regionen und Betriebe bestehen jedoch nach wie vor obligatorische Liefersolls von wichtigen landwirtschaftlichen Erzeugnissen an den Staat, die als Staatsauftrag (goszakaz) bezeichnet werden. Rußland ist noch immer auf Lieferungen der landwirtschaftlichen Betriebe an den Staat angewiesen, denn nach wie vor wird der größte Teil der Agrarrohstoffe in staatlichen Betrieben verarbeitet und im staatlichen Handelsnetz vermarktet.

Die Leitung des agroindustriellen Komplexes war eng mit der Planung verbunden. Zu den wichtigsten Funktionen der Leitungsorgane gehörte die Kontrolle der Planerfüllung. In den staatlichen Agrarbetrieben war der Lohnfonds an die Planerfüllung gekoppelt und wurde bei Nichterfüllung des Produktionsplanes entsprechend gekürzt bzw. bei Übererfüllung in Form von Prämien erhöht.

---

43 In der Struktur der Gebietskörperschaften sind verschiedene Änderungen vorgenommen worden, doch die territoriale Einteilung ist größtenteils die alte geblieben. Von den ehemals Autonomen Republiken und Distrikten der RSFSR hat sich der größte Teil zu Republiken erklärt. Zum 1. Januar 1993 bestanden in der Rußländischen Föderation 20 Republiken, 6 Regionen, 50 Bezirke und 1 863 Rajons. Siehe Rossijskaja Federacija ..., a.a.O., S. 5 ff.

Die Hierarchie der Verwaltungsorgane war weitgehend identisch mit der Planung. Die zum agroindustriellen Komplex gehörenden zahlreichen Wirtschaftsbranchen wurden von verschiedenen Ministerien und Ressorts verwaltet, wobei auf Unionsebene und auch in der RSFSR oft neue Ministerien und Ressorts entstanden und in manchen Fällen auch wiederum zusammengelegt wurden. Der Verwaltungsapparat des ganzen Komplexes war stark aufgebläht, autoritär, bürokratisiert und bevormundete kleinlich die ihm unterstellten Betriebe, wodurch deren Eigeninitiative gelähmt wurde.

Analog zu den staatlichen Verwaltungsstrukturen bestanden auch Strukturen der KPdSU, die mit großen Kompetenzen ausgestattet waren und sich oft ohne ausreichende Fachkompetenz in die wirtschaftliche Tätigkeit einmischten. Der riesige Verwaltungsapparat führte zum Kompetenzenwirrwarr und zur Ineffizienz. Gorbatschow unternahm den Versuch, das Übel zu beseitigen. Zwecks Vereinheitlichung und Vereinfachung der Leitung und Planung des agroindustriellen Komplexes wurde unter seiner Federführung eine Verwaltungsreform auf oberster Ebene durchgeführt (siehe Abschnitt 4.2.1).

3.3 Struktur des agroindustriellen Komplexes

Der agroindustrielle Komplex besteht gemäß der noch gültigen sowjetischen Definition aus drei miteinander verflochtenen Wirtschaftsbereichen:

1) Produktion der Betriebsmittel und Erstellung von Dienstleistungen für die Landwirtschaft,

2) Produktion der Landwirtschaft (pflanzliche Produktion und Tierproduktion) und

3) Verarbeitung von landwirtschaftlichen Erzeugnissen zu Fertigprodukten und ihre Vermarktung.

Trotz dieser scheinbar eindeutigen Definition werden manche Branchen des Komplexes in der Statistik der Industrie zugeschlagen. Das betrifft die industrielle Produktion von Betriebsmitteln für die Landwirtschaft und einen Teil der Produktion bei der Verarbeitung von Agrarrohstoffen. So wird z.B. die Produktion von Landmaschinen der Maschinenbauindustrie, die von Mineraldünger und Pflanzenschutzmitteln der chemischen Industrie zugeschlagen. Entsprechend werden auch die Produktionsfonds und Beschäftigten dieser Branchen diesen Industriezweigen angerechnet.[44] Im Verarbeitungsbereich wird die gesamte Produktion der Nahrungsmittelindustrie dem agroindustriellen Komplex angerechnet und außerdem die primäre Verarbeitung von Agrarrohstoffen, die nicht Nahrungszwecken dienen.[45] Die Produktion aus der Verarbeitung von diesen Rohstoffen zu Textilien, Leder- und Pelzerzeugnissen wird in der Statistik der Leichtindustrie angerechnet.

Der agroindustrielle Komplex umfaßte zum 1. Januar 1993 mehr als 79 000 Betriebe, Organisationen und Vereinigungen. Nach Wirtschaftszweigen gegliedert, gehörten davon 31 000 zum landwirtschaftlichen Bereich, 9 200 zur Industrie, 7 400 zur Bauwirtschaft, und mehr als 14 000 waren in Handel, Aufkauf und Vermarktung von landwirtschaftlichen Erzeugnissen, Belieferung der Agrarbetriebe mit Produktionsmitteln sowie in anderen Dienstleistungsbereichen tätig. Darüber hinaus bestanden verschiedene agroindustrielle Kombinate, Vereinigungen und Agrofirmen mit gemischten Tätigkeiten in den Bereichen Landwirtschaft, Industrie, Bauwesen und Dienstleistungen (siehe Tab. 3).[46]

Wie aus den Zahlen der Tabelle 3 hervorgeht, ist die Zahl der Kolchose und Sowchose im Laufe des Jahres 1992 stark zurückgegangen, und an ihrer Stelle sind Betriebe mit neuen Organisations- und Rechtsformen entstanden (siehe hierzu Abschnitt 5.4).

Unter dem Begriff "Landwirtschaftsbetrieb" (sel'skochozjajstvennoe predprijatie) werden lediglich kollektive Großbetriebe verstanden. Private Bauernbetriebe, die in der Regel Familienbetriebe sind, werden als Bauern- oder Farmerwirtschaften bzw. als Farmen (krest'janskoe chozjajstvo

---

44 Einschließlich der industriellen Produktion von Betriebsmitteln für den agroindustriellen Komplex waren die Produktion des Komplexes in Rußland im Jahre 1990 um 7,3 %, der Bestand der Produktionsfonds um 9,1 % und die Beschäftigtenzahl um 11,9 % höher als in der Statistik ausgewiesen. Errechnet aus Narodnoe chozjajstvo RSFSR v 1990 g. ..., a.a.O., S. 393.

45 Rossijskaja Federacija ..., a.a.O., S. 405.

46 Ebenda, S. 402.

Tabelle 3: Betriebe und Organisationen des agroindustriellen Komplexes 1985 - 1992*

	1985	1990	1991	1992
Kolchose, Tsd.	12,4	12,9	13,2	8,3
darunter ohne Fischfangkolchose	12,1	12,8	13,1	8,2
Sowchose, Tsd.	12,4	13,0	12,4	7,1
Landwirtschaftsbetriebe mit neuen Organisations- und Rechtsformen, Tsd.	-	0,1	4,1	13,0
Zwischenbetriebliche Einrichtungen, Tsd.	4,3	2,8	2,8	2,3
Agroindustrielle Kombinate	1	124	118	20
Agroindustrielle Vereinigungen	-	146	139	56
Agrofirmen	-	67	68	51
Produktionsvereinigungen und eigenständige Betriebe, Tsd.:				
der Leichtindustrie für primäre Verarbeitung von Agrarrohstoffen	0,2	0,3	0,3	0,3
der Nahrungsmittelindustrie	4,9	5,6	5,8	6,0
im Reparaturbereich von Traktoren und Landmaschinen	0,08	0,1	0,1	0,1

* Zum Jahresende.

Quelle: Rossijskaja Federacija ..., a.a.O., S. 403.

oder fermerskoe chozjajstvo bzw. ferma) bezeichnet. Obwohl sie zum agroindustriellen Komplex gehören, werden sie in der Statistik der Rußländischen Föderation als Betriebe des Komplexes nicht ausgewiesen. Allerdings findet sich unter der oben abgedruckten Tabelle der Hinweis, daß in der Landwirtschaft der Rußländischen Föderation zum 1. Januar 1993 rund 183 000 Bauernwirtschaften bestanden.[47] Im industriellen Bereich des Komplexes ist die Zahl der Betriebe, die Nahrungsmittel produzieren, leicht angestiegen. Das ist auf den laufenden Privatisierungsprozeß zurückzuführen, wobei neue, meist kleine Nahrungsmittelfabriken entstanden sind (siehe hierzu Abschnitt 5.6).

Die Struktur des agroindustriellen Komplexes nach Wirtschaftsbereichen ist durch die dominierende Stellung der Landwirtschaft geprägt (siehe Tab. 4). Das ist darauf zurückzuführen, daß in der sowjetischen Agrarpolitik die Steigerung der landwirtschaftlichen Primärproduktion die höchste Priorität hatte, wobei der Verarbeitungsbereich von landwirtschaftlichen Erzeugnissen zu Fertigprodukten weitgehend vernachlässigt wurde. Entsprechend ist der Anteil der industriellen Verarbeitung im Komplex wesentlich geringer als der der Landwirtschaft.

Die unzureichende Entwicklung des Verarbeitungsbereichs verursacht hohe Nacherntеverluste, die sowohl beim Transport als auch bei der Lagerung und der industriellen Verarbeitung der landwirtschaftlichen Erzeugnisse entstehen. Der größte Teil der Kapazitäten dieses Bereichs ist veraltet und entspricht nicht den internationalen Standards. Sowjetische Agrarexperten durften erst unter Gorbatschow die nicht vertretbar hohen Verluste aufzeigen, anprangern und einen Ausbau des Verarbeitungssektors fordern. Danach wäre der Anteil des Verarbeitungssektors von Agrarrohstoffen in den USA mit zwei Dritteln des gesamten Produktionswertes des agroindustriellen Bereichs fast doppelt so hoch wie in der ehemaligen Sowjetunion und RSFSR.[48] Wie aus den Zahlen der Tabelle 4 hervorgeht, war der Anteil des Verarbeitungssektors 1992 in Rußland mit 39,3 % höher als 1985, doch im Vergleich zu den westlichen Ländern noch immer sehr niedrig.

---

47 Rossijskaja Federacija ..., a.a.O., S. 403.

48 A. Šleževičius, Regional'nyj mjaso-moločnyj podkompleks. Moskva 1989, S. 25.

Tabelle 4: Gliederung des agroindustriellen Komplexes nach Wirtschaftsbereichen 1985 und 1992 (Anteile in %)

	1985			1992		
	Produktion	Produktionsfonds[1]	Beschäftigte[2]	Produktion	Produktionsfonds[1]	Beschäftigte[2]
Agroindustrieller Komplex	100	100	100	100	100	100
darunter:						
Landwirtschaft Forstwirtschaft	48,5	69,4	69,8	48,0 0,6	71,3 0,6	63,5 1,5
Aufkauf von landwirtschaftlichen Erzeugnissen	0,9	2,9	1,3	1,0	2,2	1,4
industrielle Verarbeitung von Agrarrohstoffen	35,1	13,9	11,2	39,3	16,3	11,7
Handel- und Gaststättenwesen	2,1	2,9	5,3	2,6	2,1	6,7
Reparatur von Traktoren und Landmaschinen	2,4	2,8	3,3	1,3	1,7	3,1
Bauwirtschaft	11,0	8,1	9,1	7,2	5,8	12,1

1 Zum Jahresende.

2 Jahresdurchschnitt.

Quellen: Narodnoe chozjajstvo RSFSR v 1985 g. Statističeskij ežegodnik. Moskva 1986, S. 104; Rossijskaja Federacija ..., a.a.O., S. 405.

Die Struktur des agroindustriellen Komplexes ist in Rußland im Vergleich zu den stärker marktwirtschaftlich orientierten Ländern noch immer nicht nur durch unterschiedliche Anteile der Landwirtschaft und Industrie geprägt, sondern auch durch andere Besonderheiten, wie z.B. den gesondert ausgewiesenen relativ hohen Anteil von Reparaturen von Traktoren und Landmaschinen.

Im agroindustriellen Komplex dominiert der Nahrungsmittelbereich (prodovol'stvennyj kompleks), der die Erzeugung von Nahrungsmitteln und ihre Verarbeitung in den landwirtschaftlichen Betrieben und in der Industrie umfaßt. In dessen Struktur haben Getreide und Fleisch sowie ihre Erzeugnisse die mit Abstand höchsten Anteile (siehe Tab. 5).

Die Produktionsanteile von Getreide, Kartoffeln und Zuckerrüben sowie ihrer Erzeugnisse waren 1992 bedeutend höher als 1986. Im Gegensatz dazu sind die Anteile von Fleisch, Milch und ihren Erzeugnissen deutlich zurückgegangen. Das ist jedoch nicht auf höhere Ernten 1992 zurückzuführen. Z.B. war die Getreideernte 1991 (89,1 Mio. t) und 1992 (106,9 Mio. t) mit insgesamt 196 Mio. t bedeutend niedriger als in den Jahren 1985 (106,6 Mio. t) und 1986 (118,0 Mio. t) mit insgesamt 224,6 Mio. t. Analog waren auch die Ernten von Kartoffeln und Zuckerrüben 1991 und 1992 niedriger als 1985 und 1986.[49]

Der Grund für die gestiegenen Anteile der pflanzlichen Produktion ist der noch stärkere Rückgang der Tierproduktion. Für diese Strukturveränderung ist vor allem die globale Wirtschaftslage verantwortlich. Die Kaufkraft der Bevölkerung ist gefallen, deswegen werden die relativ teuren Fleisch- und Molkereiprodukte weniger nachgefragt. Aus diesem Grund und wegen gesunkener Rentabilität in der Tierproduktion wird weniger produziert. Wegen der fortdauernden Wirtschaftskrise ist noch kein Ende dieses Trends abzusehen.

---

[49] Die Kartoffelernte betrug 1985 33,9 und 1986 43,1 Mio. t, insgesamt 77 Mio. t, dagegen 1991 34,3 und 1992 38,3 Mio. t, insgesamt 72,6 Mio. t. Die Zuckerrübenernte betrug 1985 31,4 und 1986 29,2 Mio. t, insgesamt 60,6 Mio. t, dagegen 1991 24,3 und 1992 25,5 Mio. t, insgesamt 49,8 Mio. t. Siehe Narodnoe chozjajstvo RSFSR za 70 let ..., a.a.O., S. 163; Rossijskaja Federacija ..., a.a.O., S. 421.

Tabelle 5: Anteile der wichtigsten Nahrungsmittelbranchen in der Ernährungswirtschaft 1986 und 1992 (in %)

	1986			1992		
	Produktion	Produktionsfonds[1]	Beschäftigte[2]	Produktion	Produktionsfonds[1]	Beschäftigte[2]
Nahrungsmittel, insgesamt	100	100	100	100	100	100
darunter:						
Getreide u. -produkte	21,9	25,8	24,0	30,9	27,6	22,6
Kartoffeln u. -produkte	6,2	3,0	6,2	8,7	3,4	3,5
Zuckerrüben u. -produkte	4,0	2,5	4,9	4,8	2,9	3,9
Obst- und Gemüsekonserven	5,6	2,8	8,1	5,4	3,1	6,0
Rebenwein	1,9	0,8	1,8	1,2	0,7	1,1
Fleisch u. -produkte	34,7	36,4	29,9	28,1	34,9	30,6
Milch u. -produkte	23,0	27,4	23,8	17,4	25,9	31,1
Speisefette u. -öle	2,7	1,3	1,3	3,5	1,5	1,2

1 Zum Jahresende.

2 Jahresdurchschnitt.

Quellen: Narodnoe chozjajstvo RSFSR za 70 let. Statističeskij ežegodnik. Moskva 1987, S. 149; APK: Ėkonomika, upravlenie, 4/1994, S. 28.

3.4 Landwirtschaft

Die Landwirtschaft war in der Sowjetunion der einzige Wirtschaftszweig, in dem die drei Eigentumsformen, nämlich die staatliche, die kollektivwirtschaftliche und die private, existierten. Allerdings waren alle drei Eigentumsformen vom Staat stark abhängig, denn der Staat war der alleinige Bodeneigentümer und reglementierte die wirtschaftliche Tätigkeit nicht nur der staatlichen, sondern auch der kollektivwirtschaftlichen Betriebe. Die private landwirtschaftliche Tätigkeit war vom Staat stark eingeschränkt und konnte sich nicht entfalten.

Die sozialistische Landwirtschaft war ineffizient und konnte die in sie gesetzten hohen Erwartungen nicht erfüllen. Deswegen hat die Sowjetführung in ihrer Agrarpolitik öfters unterschiedliche Akzente gesetzt, die Veränderungen in der Planung und in den Verwaltungsstrukturen hervorriefen, doch am Prinzip der sozialistischen Landwirtschaft, d.h. am staatlichen Bodeneigentum und sozialistischen Eigentum an den wichtigsten Produktionsmitteln, wurde nicht gerüttelt.

Erst unter Gorbatschow in der ehemaligen Sowjetunion und insbesondere unter Jelzin in der Rußländischen Föderation wurden Reformen durchgeführt, die das Agrarsystem grundlegend veränderten.

3.4.1 Entwicklung der Betriebsformen in der Landwirtschaft

3.4.1.1 Kolchose und Sowchose

Nach der Zwangskollektivierung der Landwirtschaft sind in Rußland, wie in der ganzen Sowjetunion, Kolchose und Sowchose zu den beherrschenden Betriebsformen geworden. Ihre Zahl und Betriebsgrößen haben sich öfters durch Zusammenlegungen, Entflechtungen bzw. Umwandlungen von einer Betriebsform in die andere geändert, wobei für Rußland die anfangs dominierende Stellung der Kolchose typisch war, die dann jedoch nach dem Krieg immer mehr zugunsten der Sowchose zurückging. Die Entwicklung verlief in der ganzen Sowjetunion analog, doch sie war in den meisten anderen Unionsrepubliken nicht so extrem ausgeprägt wie in

Rußland.[50] So bestanden in Rußland Ende 1940 mehr als 167 000 Kolchose und nur 2 600 Sowchose. Die Zahl der Kolchose ging dann von rund 68 000 Ende 1950 auf 27 500 Ende 1957 zurück. Gleichzeitig erhöhte sich die Zahl der Sowchose von rund 3 000 auf rund 3 400.[51] Eine ähnliche Entwicklung setzte sich auch nach 1960 fort (siehe Tab. I im Anhang). Die LN der Kolchose ging zurück, während die der Sowchose zunahm. Auch die Tierbestände, die Pflanzen- und Tierproduktion sind in den Sowchosen bedeutend schneller gewachsen als in den Kolchosen. Der Hauptgrund für diese Entwicklung war die Umwandlung eines Teils der Kolchose in Sowchose. Hinzu kam, daß der Staat die Entwicklung der Sowchose stärker förderte als die der Kolchose. Besonders auffallend ist die unterschiedliche Entwicklung der Eierproduktion. Während sie in den Kolchosen von 1,7 Mrd. Stück 1960 auf 0,3 Mrd. Stück 1990 sank, hat sie sich in den Sowchosen in der gleichen Zeit von 1,6 Mrd. Stück auf 36,3 Mrd. Stück erhöht. Das ist vor allem auf die hohen staatlichen Investitionen in den Sowchosen für die sog. Geflügelfabriken zurückzuführen, die eine Massenproduktion von Eiern und Geflügelfleisch ermöglichten (Tab. I im Anhang).

Ab 1992 weisen die Statistiken Rußlands fast keine gesonderten Wirtschaftsdaten für Kolchose und Sowchose aus. Kolchose und Sowchose, die ihren Status beibehalten haben, und solche, die in andere kollektive Rechtsformen umgewandelt wurden, werden in der Statistik pauschal als "landwirtschaftliche Betriebe" (sel'skochozjajstvennye predprijatija) ausgewiesen.

Während in der Sowjetunion Kolchose und Sowchose in den 80er Jahren und bis zur Auflösung der Sowjetunion Ende 1991 etwa zu gleichen Teilen an der landwirtschaftlichen Produktion beteiligt waren,[52] hatten in Rußland Sowchose höhere Anteile an der landwirtschaftlichen Produktion, verfügten über mehr Arbeitskräfte und über größere LN (siehe Tab. 6).

---

50 Im Gegensatz zu Rußland war die Zahl der Kolchose in der Sowjetunion bis Ende 1990 mit 29 100 höher als die der Sowchose mit 23 500. In bezug auf die landwirtschaftliche Produktion in den 80er Jahren hielten sich Kolchose und Sowchose die Waage. Siehe Narodnoe chozjajstvo SSSR v 1990 g. ..., a.a.O., S. 527, 535.

51 Sel'skoe chozjajstvo SSSR ..., a.a.O., S. 43, 51.

52 Kolchose der Sowjetunion hatten 1990 einen Anteil von 35,8 %, Sowchose von 35,4 % an der landwirtschaftlichen Produktion. Errechnet aus Narodnoe chozjajstvo SSSR v 1990 g. ..., a.a.O., S. 427 ff.

Tabelle 6: Stellung der Kolchose und Sowchose in der Landwirtschaft Rußlands 1980-1992

	1980	1985	1990	1991	1992
Kolchose, Tsd.[1]	12,0	12,1	12,8	13,1	8,3
Sowchose, Tsd.[2]	11,8	12,4	13,0	12,4	8,2
Anteile an der landwirtschaftlichen Produktion, %					
Kolchose	29,9	30,6	29,3	26,1	41,0
Sowchose	41,6	43,2	41,2	34,5	
Durchschnittliche Arbeitskräftezahl in der Produktion					
pro Kolchos	400	372	312	298	.
pro Sowchos	500	476	423	403	.
Durchschnittliche LN, ha					
pro Kolchos	7 283	7 149	6 711	6 038	4 831
pro Sowchos	10 432	9 806	9 023	8 556	5 268
Durchschnittliche Saatfläche, ha					
pro Kolchos	4 633	4 347	4 047	3 855	2 602
pro Sowchos	5 432	4 919	4 638	4 476	1 793
Durchschnittlicher Rinderbestand[2]					
pro Kolchos	1 867	1 917	1 703	1 557	.
darunter Kühe	658	636	562	534	.
pro Sowchos	2 017	1 984	1 800	1 605	.
darunter Kühe	720	669	592	548	.
Durchschnittlicher Schweinebestand[2]					
pro Kolchos	975	1 033	891	748	.
pro Sowchos	1 203	1 331	1 208	1 032	.

1 Ohne Fischfangkolchose, zum Jahresende.

2 Zum Jahresende.

Quellen: Errechnet aus Narodnoe chozjajstvo RSFSR v 1987 g. ..., a.a.O., S. 154; ... v 1990 g. ..., a.a.O., S. 400-408; Narodnoe chozjajstvo Rossijskoj Federacii. 1992. ..., a.a.O., S. 401-409; Rossijskaja Federacija ..., a.a.O., S. 403.

Im Vergleich zu den anderen Unionsrepubliken waren die rußländischen Kolchose und Sowchose größer. So entfielen auf einen Kolchos, z.B. im Jahre 1990, im Durchschnitt der Sowjetunion 3 124 ha Saatfläche, 1 653

Rinder und 910 Schweine, auf einen Sowchos 4 519 ha Saatfläche, 1 668 Rinder und 1 060 Schweine.[53]

Mit Beginn der Privatisierung der Landwirtschaft gingen die Betriebsgrößen der sozialistischen Agrarbetriebe und ihre wirtschaftliche Bedeutung zugunsten des privaten landwirtschaftlichen Sektors zurück.

3.4.1.2 Private landwirtschaftliche Nebenerwerbswirtschaften

Nach den Vorstellungen mancher Sowjetideologen sollte in der sowjetischen Landwirtschaft eigentlich kein Platz für private landwirtschaftliche Tätigkeit sein bzw. diese sollte auf ein Minimum reduziert werden. Weil aber vor allem viele Kolchose nicht in der Lage waren, ihren Mitgliedern ein Existenzminimum zu gewährleisten, waren die meisten von ihnen auf die Bearbeitung ihrer Hoflandparzellen angewiesen. Der niedrige Lebensstandard auch anderer Bevölkerungsschichten zwang viele Land- und Stadtbewohner, Bodenparzellen vom Staat zu pachten und zu bewirtschaften, um sich auf diese Weise teilweise mit Nahrungsmitteln zu versorgen.

So entstand in Sowjetrußland nach der Liquidierung des privaten Bauerntums ein neuer privater landwirtschaftlicher Sektor in Form von kleinen Nebenerwerbswirtschaften. Dieser private landwirtschaftliche Bereich hat sich mit der Zeit zu einem bedeutenden Wirtschaftsfaktor entwickelt. Dieser Sektor war "privat" in dem Sinne, daß seine Produzenten frei über Art, Umfang, Eigenverbrauch und Verkauf ihrer Produkte entscheiden konnten.[54] Die privaten Nebenerwerbswirtschaften bestehen in Rußland fort, auch in der postsowjetischen Zeit. Diese Privatproduzenten haben die Möglichkeit, zu rechtmäßigen Eigentümern ihrer Parzellen und unabhängig von Kolchosen, Sowchosen und vom Staat zu werden. Manche sind es auch geworden, doch das trifft nicht auf alle Privatproduzenten zu, weil in manchen Fällen rechtliche Eigentumsfragen zu klären sind.

---

[53] Errechnet aus Narodnoe chozjajstvo SSSR v 1990 g. ..., a.a.O., S. 429 ff.

[54] K.-E. Wädekin, Privatproduzenten in der sowjetischen Landwirtschaft. Köln 1967, S. 15 ff.

Die Parzellengrößen waren in Sowjetrußland streng reglementiert, allerdings regional und in den einzelnen Perioden sehr unterschiedlich. Die zulässige Hoflandgröße schwankte zwischen 0,25 und 1,0 Hektar, und erst in den letzten Jahren dürfen diese Höchstgrenzen überschritten werden, wobei die zulässige Größe von den lokalen Verhältnissen abhängig ist.

Die landwirtschaftlichen Nebenerwerbsbetriebe verfügten in Sowjetrußland über eine sehr geringe LN, die nur 1,6-1,8 % der gesamten LN betrug (siehe Tab. 7). Demzufolge waren sie darauf angewiesen, den Boden rationell zu nutzen und intensive Wirtschaft zu betreiben, wobei z.B. für einen größeren Anbau von Getreide der verfügbare Boden knapp war. Ihre pflanzliche Produktion hat sich vor allem auf Kartoffeln und Gemüse konzentriert. Ihre Anteile waren entsprechend hoch und sind vor allem 1991 und 1992 angestiegen. Dabei wuchs nicht nur ihre Produktion, sondern die der sozialistischen Betriebe sank auch.

In der Tierproduktion erzielten die Privaterzeuger Anteile, die ungefähr ihrem Anteil an der gesamten landwirtschaftlichen Produktion entsprachen. Die im Verhältnis zu der verfügbaren Fläche um ein Vielfaches höheren Produktionsanteile der Nebenerwerbsbetriebe konnten nicht nur dank intensiver Bewirtschaftung erreicht werden. Dazu hat vor allem der Umstand beigetragen, daß sie sich den größten Anteil ihrer Futtermittel durch Kauf, als Entlohnung oder auch illegal, d.h. durch Diebstähle, von Kolchosen und Sowchosen beschaffen konnten und ihr Vieh in den meisten Fällen die Weiden der Kolchose und Sowchose mitbenutzen durfte.

Die privaten Nebenerwerbswirtschaften waren in der Vergangenheit ein wichtiger Bestandteil der Landwirtschaft Rußlands, und dadurch, daß ihnen größere Flächen zur Verfügung stehen, hat ihre wirtschaftliche Bedeutung noch zugenommen. Durch ihre Vergrößerung entsteht die Möglichkeit, daß sich manche von ihnen zu Haupterwerbsbetrieben entwickeln werden.

3.4.1.3 Private Bauernbetriebe

Nach der Zwangskollektivierung konnten sich nur noch wenige eigenständige Bauernbetriebe weiterhin behaupten, denn der politische und wirt-

Tabelle 7: Stellung der privaten landwirtschaftlichen Nebenerwerbsbetriebe in der Landwirtschaft 1976-1993

	Jahresdurchschnitt					
	1976-1980	1981-1985	1986-1990	1991	1992	1993
Landwirtschatliche Produktion, Mrd. Rub.[1]	18	24	31	81	845	.
Anteil an der gesamten landwirtschaftl. Produktion, %	26,9	25,8	23,5	30,7	31,7	36,0
darunter:						
Pflanzenproduktion, Mrd. Rub.[1]	7	10	11	37	349	.
Anteil an der gesamten Pflanzenproduktion, %	25,0	26,3	22,4	33,9	28,2	.
Tierproduktion, Mrd. Rub.[1]	11	14	20	44	496	.
Anteil an der gesamten Tierproduktion, %	28,2	25,4	24,1	28,4	34,9	.
LN, Mio. ha	3,5[2]	3,5[3]	3,8[4]	5,6[5]	8,1[6]	8,4
Anteil an der gesamten LN, %	1,6	1,6	1,8	2,6	3,8	4,0
Anteil der Nebenerwerbsbetriebe an der gesamten Produktion einzelner Erzeugnisse, %						
Kartoffeln	61,9	59,4	59,6	72,3	78,8	83
Gemüse	28,8	30,6	27,7	46,1	55,0	65
Fleisch[7]	28,4	27,3	24,5	30,4	35,3	38
Milch	26,8	26,1	23,4	26,3	31,4	35
Eier	29,4	24,4	21,3	22,1	26,1	27
Wolle	18,5	19,9	21,3	28,4	31,8	35

1 In laufenden Preisen. **2** Zum 01.11.1980. **3** Zum 01.11.1985. **4** Zum 01.11.1990. **5** Zum 01.11.1991. **6** Zum 31.12.1992. **7** Schlachtgewicht.

Quellen: Errechnet aus Narodnoe chozjajstvo RSFSR v 1980 g. ..., a.a.O., S. 132; ... v 1985 g. ..., a.a.O., S. 105 f.; ..., v 1990 g. ..., a.a.O., S. 417; Narodnoe chozjajstvo Rossijskoj Federacii. 1992 ..., a.a.O., S. 420; Rossijskaja Federacii ..., a.a.O., S. 409, 417, 421, 473; APK: Ėkonomika, upravlenie, 7/1994. S. 38.

schaftliche Druck bedrohte ihre Existenz. Im Jahre 1940 waren lediglich 3,4 % der Bauernhöfe Rußlands noch nicht kollektiviert.[55] In den ersten Jahren nach dem Krieg wurden jedoch auch die letzten selbständigen Bauernhöfe den Kolchosen bzw. Sowchosen einverleibt.

Die unter Gorbatschow eingeleiteten Agrarreformen haben zwar Erleichterungen für die Privatproduzenten in dem Sinne gebracht, daß sie wesentlich mehr Land als früher in Pachtform erwerben durften, doch an Etablierung von privaten Bauernbetrieben mit Eigentumsrechten am Boden war nicht gedacht. Erst die Führung der RSFSR bzw. der Rußländischen Föderation unter Jelzin hat durch ihre Gesetze die Gründung von eigenständigen Bauernbetrieben ermöglicht. In einer der rußländischen Regierungsdirektiven war man davon ausgegangen, daß im Jahre 1991 die ersten 10 000 privaten Bauernbetriebe entstehen könnten und dann jährlich etwa 20 000 hinzukommen würden. Für möglich gehalten wurde auch, daß bis zum Jahr 1995 die Zahl der eigenständigen Bauernbetriebe auf 100 000 ansteigen könnte.[56] Diese Prognose wurde jedoch durch eine von Anfang an starke Gründungswelle bei weitem übertroffen (siehe Tab. 8).

Wie aus den Zahlen der Tabelle 8 hervorgeht, haben allein im Jahre 1992 fast 135 000 Neugründungen von privaten Bauernbetrieben stattgefunden. Diese werden meistens als Farm (ferma) bezeichnet. Die Farmgründungen haben sich im I. Quartal 1993 mit 47 200 neuen Betrieben noch beschleunigt, dann allerdings hat sich das Gründungstempo merklich verlangsamt. Ein Teil der Farmer war nicht in der Lage, einen eigenständigen Betrieb mit Erfolg zu führen, so daß bereits im Laufe des Jahres 1992 5 100 von ihnen aufgegeben haben, d.h. daß sie den ihnen zur Führung eines Bauernbetriebes zugeteilten Boden zurückgaben.[57] Dieser negative Trend hat sich 1993 und 1994 verstärkt fortgesetzt, so daß bis Mitte 1994 bereits 31 200 Farmer aufgegeben hatten.[58]

---

55 Narodnoe chozjajstvo RSFSR za 60 let. Statističeskij ežegodnik. Moskva 1977, S. 123.

56 Ju. Linin, Fermerstvo v Rossii živet i budet žit'. In: Fermer, 1-3/1994, S. 8.

57 Fermerskie chozjajstva ..., a.a.O., S. 4 f.

58 V. Chlystun, Krizisnoe sostojanie v agropromyšlennom proizvodstve preodolimo. In: APK: Ėkonomika, upravlenie, 10/1994, S. 7.

Tabelle 8: Entwicklung der privaten Bauernbetriebe 1992-1994

	1992	1993	1994
Private Bauernbetriebe	49 015[1]	183 663[1]	279 195[2]
Betriebsfläche, Mio. ha	2,1[1]	7,9[1]	12,0[2]
Anteil an der ges. landwirtschaftlichen Betriebsfläche, %	0,3	1,3	1,9
Durchschnittliche Betriebsfläche, ha	42	43	43
LN, Mio. ha	1,3[3]	6,5[1]	10,9[2]
Anteil an der ges. LN, %	0,7	3,1	5,2
Ackerfläche, Mio. ha	0,8[3]	4,7[1]	7,9[2]
Anteil an der ges. Ackerfläche, %	0,6	3,6	6,1
Wiesen, Mio. ha	0,2[3]	0,5[1]	.
Anteil an den ges. Wiesen, %	1,0	2,6	.
Weiden, Mio. ha	0,3[3]	1,3[1]	.
Anteil an den ges. Weiden, %	0,5	2,2	.
Rinder, Tsd.[1]	112	403	615
Anteil am ges. Rinderbestand, %	0,2	0,8	1,3
darunter Kühe, Tsd.[1]	41	175	281
Anteil am ges. Kuhbestand, %	0,2	0,9	1,4
Schweine, Tsd.[1]	95	216	343
Anteil am ges. Schweinebestand, %	0,3	0,7	1,2
Schafe und Ziegen, Tsd.[1]	226	730	1 046
Anteil am ges. Schaf- und Ziegenbestand, %	0,4	1,4	2,4
Anteil an der ges. landwirtschaftlichen Produktion, %	1,1	2,0	5,0[4]

1 Zum 1. Januar.

2 Zum 31. Dezember.

3 Zum 1. November 1991.

4 Schätzung.

Quellen: Errechnet aus Narodnoe chozjajstvo Rossijskoj Federacii. 1992 ...,a.a.O., S. 416; Rossijskaja Federacija ..., a.a.O., S. 409, 417; Fermerskie chozjajstva Rossii. Moskva 1993, S. 4 ff.; APK: Ėkonomika, upravlenie, 1/1994, S. 23, 10/1994, S. 3 ff.; Ėkonomika sel'skogo chozjajstva Rossii, 7/1994, S. 20; Social'no-ėkonomičeskoe položenie Rossii. Moskva 1994, S. 54.

Die Mehrheit der Farmen konnte sich jedoch behaupten, und ihr Anteil an der LN, am Viehbestand und an der landwirtschaftlichen Produktion ist ständig gewachsen. Der stellvertretende Minister für Landwirtschaft und Ernährung der Rußländischen Föderation, Anatoli Kopylow, unterscheidet vier Gruppen von etablierten Farmen:

1) Kleinbauern, d.h. solche, die über wenig Boden verfügen (malozemel'nye), doch die Chance haben, sich zu entwickeln;

2) Betriebe, die über je 1 500-2 000 ha Land verfügen und in allen Regionen Rußlands vorkommen. "Doch die Agrarreform wird nicht durchgeführt, um in die Zeiten der Gutsbesitzer und Latifundien zurückzukehren."

3) mittlere Warenproduktionsfarmen;

4) große Warenproduktionsfarmen.

Die beiden letzten Farmentypen werden von Kopylow als "die goldene Mitte" zwischen den beiden erstgenannten bezeichnet. In diesen Farmen könnten hochmechanisierte Arbeit und intensive Technologie angewendet werden, und sie seien in der Lage, bedeutende Warenproduktion zu liefern, doch leider würde ein staatliches Unterstützungsprogramm für sie fehlen.[59]

In manchen Regionen müssen sich die Farmer gegen eine feindliche Umgebung behaupten. In der Region Krasnodar beispielsweise wurden den Farmern 10 000 ha zugeteiltes Land gesetzwidrig weggenommen, nur aufgrund von Mehrheitsbeschlüssen der Kolchosmitglieder. Vor allem aus Neid werden oft die Landmaschinen der Farmer beschädigt. Manche erhalten Drohbriefe oder werden zusammengeschlagen. Dabei sollen Gerichte, Staatsanwälte und Miliz nicht bereit sein, sie vor solchen Ausfällen zu schützen.[60] Ein den Farmern feindliches Umfeld ist nicht überall und so stark ausgeprägt. Manche Kolchose und Sowchose praktizieren eine Zusammenarbeit mit Farmern zum beiderseitigen Nutzen. Inzwischen gründen auch manche ehemalige Führungskräfte der sozialistischen

---

59 Fermer, 5-6/1993, S. 5.

60 V. Vylegžanin, Kuban': Ob-javili vojnu fermeram. In: Argumenty i fakty, 16/1994, S. 5.

Agrarbetriebe eigene Farmen. Das größte Problem bleibt die Beschaffung des erforderlichen Kapitals, weil die staatlichen Starthilfen völlig unzureichend sind. So wurden 1993 Kredite zu günstigen Konditionen in Höhe von 200 000 Rubel gewährt, doch dieser Betrag hat nicht einmal zur Anschaffung eines normalen Pfluges ausgereicht. Der Vorsitzende der Vereinigung der Bauernwirtschaften und landwirtschaftlichen Genossenschaften (AKKOR) Wladimir Baschmatschnikow hat erklärt, daß wegen der Kapitalknappheit viele Farmer versuchen, mit Handel Geld zu verdienen. Er meint, daß das Mißtrauen in der Gesellschaft gegenüber den Privatbauern immer mehr schwindet und daß diese zunehmend mehr akzeptiert werden.[61]

3.4.2 Struktur und Entwicklung der landwirtschaftlichen Produktion

Wie bereits aufgezeigt wurde, sind die natürlichen Bedingungen für die landwirtschaftliche Produktion in Rußland sehr unterschiedlich. Das hängt sowohl von der Beschaffenheit des Bodens als auch von den klimatischen Verhältnissen ab. Während der größte Teil der Böden in den nördlichen Regionen hohe Feuchtigkeit und relativ geringe Fruchtbarkeit aufweist, sind die meisten Böden in den südlichen und mittleren Regionen relativ nährstoffreich und trocken. In den nördlichen Regionen mangelt es an Wärme für ein günstiges Pflanzenwachstum, in den meisten südlichen und mittleren an Niederschlägen.

In Abhängigkeit von den bioklimatischen Verhältnissen ist die Pflanzenproduktion stärker in den südlichen Regionen entwickelt, die Tierproduktion in den nördlichen. Sowohl die Pflanzen- als auch die Tierproduktion ist bis Ende der 80er Jahre kontinuierlich gestiegen, weist jedoch seit 1991 einen ständigen und erheblichen Rückgang auf (siehe Tab. 9).

Die Statistik der Rußländischen Föderation weist ab 1991 die landwirtschaftliche Produktion lediglich in laufenden Preisen aus, die in den letzten Jahren sehr stark angestiegen sind. Die landwirtschaftliche Produktion in vergleichbaren Preisen ist errechnet und zeigt ein Absinken der Produktion auf das Niveau der Jahre 1976-1980.

---

61 V. Bašmačnikov, Otnošenie k fermerstvu menjaetsja. In: Fermer, 5-6/1993, S. 3.

Tabelle 9: Entwicklung der landwirtschaftlichen Produktion 1976-1993

	Jahresdurchschnitt					
	1976-1980	1981-1985	1986-1990	1991	1992	1993
Landwirtschaftliche Produktion, Mrd. Rub. in Preisen von 1983	88,1	92,4	103,0	97,5	88,3	84,4
darunter:						
Pflanzenproduktion, Mrd. Rub.	35,7	36,5	39,1	36,8	34,9	34,0
Tierproduktion, Mrd. Rub.	52,4	55,9	63,9	60,7	53,4	50,4
Landwirtschaftliche Produktion, Mrd. Rub. jeweilige Preise	67,5	92,9	132,4	264,0	2 661	81 600
darunter:						
Pflanzenproduktion, Mrd. Rub.	28,3	37,6	49,0	109,0	1 239	32 803
Anteil an der landwirtschaftlichen Produktion, %	41,9	40,5	37,0	41,3	46,6	40,2
Tierproduktion, Mrd. Rub.	39,2	55,3	83,4	155,0	1 422	48 797

Tabelle 9: Fortsetzung

	Jahresdurchschnitt 1976-1980	1981-1985	1986-1990	1991	1992	1993
Anteil an der landwirtschaftlichen Produktion, %	58,1	59,5	63,0	58,7	53,4	59,8
Anteile der staatlichen und kollektiven Betriebe, %						
an der landwirtschaftlichen Produktion	73,0	74,1	76,7	69,3	67,2	41,3
an der Pflanzenproduktion	73,9	72,9	77,8	66,1	70,2	.
an der Tierproduktion	72,5	74,9	76,0	71,6	64,5	.
Anteile der privaten Nebenerwerbswirtschaften, %						
an der landwirtschaftlichen Produktion	27,0	25,9	23,3	30,7	31,7	35,0
an der Pflanzenproduktion	26,1	27,1	22,2	33,9	28,2	.
an der Tierproduktion	27,5	25,1	24,0	28,4	34,9	.

Quellen: Errechnet aus Narodnoe chozjajstvo RSFSR v 1990 g. ..., a.a.O., S. 400; Narodnoe chozjajstvo Rossijskoj Federacii. 1992. ..., a.a.O., S. 401; Rossijskaja Federacija ..., a.a.O., S. 14, 409; Social'no-ėkonomičeskoe ..., a.a.O., S. 54 f.

Seit 1991 ist der Anteil der staatlichen und kollektiven Betriebe, zu denen ab 1992 außer Kolchosen und Sowchosen auch kollektive Betriebe mit anderen Rechtsformen zählen, bedeutend zugunsten der privaten Nebenerwerbswirtschaften gesunken. Die Anteile der letzteren sowohl an der Pflanzen- als auch an der Tierproduktion haben in den Jahren 1991 und 1992 fast ein Drittel der gesamten landwirtschaftlichen Produktion erreicht. Die Produktion der Privatbauern, die sich erstmals 1992 in statistischen Zahlen niederschlägt, war mit einem Anteil von 1,1 % von geringer Bedeutung.

3.4.2.1 Pflanzenproduktion

In den unterschiedlichen Klimazonen Rußlands gedeiht eine Vielzahl von verschiedenen landwirtschaftlichen Kulturen. Wie bereits aufgezeigt wurde (Tab. 1), ist die LN rückläufig. Das betrifft auch die Saatfläche (siehe Tab. II im Anhang), wobei diese 1993 um 10,8 %, darunter die von Getreide um 18,6 %, niedriger war als 1980. Am stärksten zurückgegangen ist die Saatfläche von Sommergetreide, die von Wintergetreide jedoch ist leicht angestiegen. Erhöht hat sich in den 80er Jahren auch die Anbaufläche von Futterpflanzen, dabei fast ausschließlich die von mehrjährigen Futtergräsern. Allerdings wurden 1992 und 1993 weniger Futterpflanzen angebaut als ein paar Jahre zuvor.

Mit Rücksicht auf die bioklimatischen Verhältnisse und die Planvorgaben aus Moskau war die Landwirtschaft Rußlands vor allem auf den Anbau von Getreide, Kartoffeln, Zuckerrüben und Futterpflanzen ausgerichtet (siehe Tab. 10).

Die Produktion der meisten Pflanzenarten hat in den Jahren 1976-1993 weitgehend stagniert. Die Getreideernte war 1991 und 1993 bedeutend niedriger als in der Periode 1986-1990. In der Produktionsstruktur von Getreide haben sich die Anteile von Winterweizen, Roggen, Wintergerste und Buchweizen erhöht, dagegen sind die Anteile vor allem von Sommerweizen und -gerste zurückgegangen. Am stärksten zurückgegangen ist die Produktion von Faserlein, die 1992 nur noch die Hälfte der der Jahre 1976-1980 betrug. In der Produktionsstruktur der Futterpflanzen ist die Erzeugung von Futterhackfrüchten stark rückläufig, während die von Heu aus mehrjährigen Futterpflanzen wesentlich zugenommen hat.

Die Produktionsstruktur ist recht unterschiedlich in den einzelnen Wirtschaftsregionen des Landes. Getreide wird in allen 11 Regionen angebaut. Die größten Getreideproduzenten sind der Nordkaukasus, die Wolgaregion, die Uralregion und Westsibirien, dicht gefolgt von der Zentralen Schwarzerderegion und der Zentralen Region (siehe Tab. III im Anhang). Die höchsten Hektarerträge werden seit Mitte der 80er Jahre mit mehr als 29 dt im Nordkaukasus erzielt, während die durchschnittlichen rußländischen Erträge bei 15-17 dt liegen. Bei der Kartoffelproduktion nimmt die Zentralregion eindeutig die Spitzenposition ein, gefolgt von der Ural- und der Wolgaregion. Die höchsten Hektarerträge wurden mit 130 dt und mehr in den Jahren 1991 und 1992 in Ost- und Westsibirien sowie in der Uralregion erzielt, während sie im Durchschnitt Rußlands 1991 nur 108 dt bzw. 1992 113 dt betrugen. Zuckerrüben werden in den nördlichen und östlichen Regionen nicht angebaut.

Die mit Abstand höchste Zuckerrübenproduktion wird in der Zentralen Schwarzerderegion, die höchsten Hektarerträge werden im Nordkaukasus erzielt.
Es hat sich gezeigt, daß bisher keine wesentlichen Veränderungen in der Produktionsstruktur eingetreten sind. Es ist zu erwarten, daß mit zunehmender Privatisierung der Landwirtschaft die Produktion sich stärker als bisher nach Absatzmöglichkeiten und der Rentabilität ausrichten wird. Darauf könnte eventuell hindeuten, daß 1992 trotz Rückgangs der gesamten Saatflächen die mit Winterweizen, Körnermais, Sonnenblumen, Buchweizen und Gemüse bestellten Flächen leicht zugenommen haben.

3.4.2.2 Tierproduktion

Rußland verfügt über große Flächen von Wiesen und Weiden und somit über gute Voraussetzungen für die Tierhaltung. Die Anteile von Wiesen mit fast 20 % und von Weiden mit rund 28 % an der LN sind relativ hoch.[62] Unter diesen Bedingungen hat sich vor allem die Haltung von Rindern und Schafen entwickelt, deren Bestände bedeutend höher sind als die von Schweinen (siehe Tab. IV im Anhang).

---

62 In der Sowjetunion war der Anteil der Wiesen an der LN im Jahre 1990 mit 5,4 % wesentlich niedriger, doch mit 53,4 % bei den Weiden ungewöhnlich hoch. Siehe Narodnoe chozjajstvo SSSR v 1990 g. ..., a.a.O., S. 467.

Tabelle 10: Entwicklung der Pflanzenproduktion 1976-1994

	Jahresdurchschnitt						
	1976-1980	1981-1985	1986-1990	1991	1992	1993	1994
Getreide, Mio. t[1]	106,0	92,0	104,3	89,1	106,9	99,1	81,3
darunter:							
Winterweizen	21,5	17,5	24,3	25,8	28,3		
Sommerweizen	29,0	21,1	19,2	13,1	17,9	43,5	32,1
Winterroggen	6,2	9,0	12,4	10,6	13,9	9,2	6,0
Wintergerste	1,3	1,5	2,1	2,7	2,7	.	.
Sommergerste	27,3	20,2	22,0	19,4	24,3	26,6[2]	.
Hafer	12,5	13,0	12,6	10,4	11,2	11,5[2]	.
Körnermais	1,8	2,8	3,3	2,0	2,1	2,4	0,9
Leguminosen	3,7	3,8	4,4	2,5	3,1	4,1	.
darunter:							
Erbsen	3,1	3,1	3,7	2,1	2,6	3,4[2]	.
Hirse	1,1	1,3	2,1	1,0	1,5	1,1[2]	.
Buchweizen, 1000 t	439	474	643	688	1 038	800	800
Reis, 1000 t	1 106	1 132	1 054	773	754	686[2]	.
Kartoffeln, Mio. t	40,9	38,4	35,9	34,3	38,3	37,7	33,8
Zuckerrüben, Mio. t[3]	25,4	25,1	33,2	24,3	25,5	25,5	13,9

Tabelle 10: Fortsetzung

	Jahresdurchschnitt						
	1976-1980	1981-1985	1986-1990	1991	1992	1993	1994
Gemüse, Mio. t	10,4	12,1	11,2	10,4	10,7	9,8	9,6
Sonnenblumenkerne, Mio. t	2,5	2,3	3,1	2,9	3,1	2,8	2,6
Sojabohnen, Mio. t	0,5	0,4	0,6	0,6	0,5	0,5[2]	0,4
Faserlein, 1000 t	157	152	124	102	78	58	54
Mais für Grün- und Silofutter, Mio. t	140	165	193	151	150	.	.
Futterhackfrüchte, Mio. t[4]	12,5	15,9	20,3	11,6	8,7	.	.
Heu von einj. Futterpflanzen, Mio. t	4,7	5,4	6,0	4,5	4,2	.	.
Heu von mehrj. Futterpflanzen, Mio. t	11,2	18,0	23,4	24,8	20,5	.	.
Wiesenheu	22,0	23,7	24,0	21,3	18,3	.	.

1 Nach Reinigung und Trocknung.

2 Inoffizielle Zahlen der FAO.

3 Ohne Rüben zur Verfütterung.

4 Einschließlich Zuckerrüben zur Verfütterung.

Quellen: Rossijskaja Federacija ..., a.a.O., S. 420 f.; FAO Yearbook. Production 1993. Rome 1994, S. 65 f. Social and Economic Situation of Russia in 1994. Moscow 1995, S. 29.

Die Tierbestände haben ihren Höhepunkt Mitte der 80er Jahre erreicht. Bis dahin glaubte man die Tierproduktion vor allem durch Vergrößerung der Tierbestände steigern zu können, doch es hatte sich gezeigt, daß dafür die Futterbasis unzureichend war. Seitdem sind die Tierbestände rückläufig, wobei die Erhöhung der Tierproduktion in den 80er Jahren durch verbesserte Futterrationen erreicht wurde (siehe Tab. 11).

Anfang der 90er Jahre setzte ein deutlicher Rückgang sowohl bei den Tierbeständen als auch in der Tierproduktion ein, wobei der Anteil der Privatproduzenten deutlich zugenommen hat. Er betrug z.B. in der Fleischproduktion 1981-1985 27,3 %, in der Produktion von Milch 26,1 %, 1994 bei Fleisch 44,2 % und bei Milch 40,3 %. 1992 haben auch die Privatbauern erstmals geringfügig zur Produktion von Fleisch und Milch mit je 0,1 % beigetragen. Diese Anteile sind 1994 auf 1,6 % bei Fleisch und 2,6 % bei Milch angestiegen.[63]

3.5 Entwicklung des industriellen Bereichs der Agrarwirtschaft

3.5.1 Produktion von Betriebsmitteln für die Landwirtschaft

In der RSFSR war die Schwerindustrie stark entwickelt, wodurch eine gute Grundlage für die Produktion von landwirtschaftlicher Technik bestand. Die Produktion von Landmaschinen war überwiegend in gigantischen Betrieben organisiert, wobei ein Betrieb außer Rußland in den meisten Fällen auch andere Unionsrepubliken beliefern mußte. Das bezog sich größtenteils auch auf die Produktion von anderen Betriebsmitteln für die Landwirtschaft. Der Anteil der RSFSR an der gesamten sowjetischen Produktion betrug im Jahre 1990 bei Mähdreschern 100 %, Anhängern für Traktoren 72,4 %, Grubbern 66,9 %, Melkanlagen 58,5 %, Pflanzenschutzmitteln 54,1 %, Mineraldünger 50,5 %. Auch andere wichtige Betriebsmittel wurden in der RSFSR hergestellt, wobei deren Anteil an der gesamten sowjetischen Produktion aber unter 50 % lag.[64]

---

63 Social ..., a.a.O., S. 30-32.

64 Errechnet aus Narodnoe chozjajstvo SSSR v 1990 g. ..., a.a.O., S. 407 ff.; Rossijskaja Federacija ..., a.a.O., S. 395 ff.

Tabelle 11: Entwicklung der Tierproduktion 1976-1994

	Jahresdurchschnitt						
	1976-1980	1981-1985	1986-1990	1991	1992	1993	1994
Fleisch, 1000 t Schlachtgewicht	7 361	8 075	9 671	9 375	8 260	7 512	6 836
darunter:							
Rindfleisch	3 472	3 423	4 096	3 989	3 632	3 359	.
Schweinefleisch	2 443	2 838	3 347	3 190	2 784	2 432	.
Schaf- und Ziegenfleisch	373	333	369	347	329	359	.
Geflügelfleisch	953	1 382	1 747	1 751	1 428	1 277	.
Milch, Mio. t	48,2	48,7	54,2	52,0	47,2	46,5	42,8
Eier, Mrd. Stück	36,7	43,1	47,9	47,1	42,9	40,3	37,4
Wolle, 1000 t	222	221	225	204	179	.	.
davon Produktion aus Privatbesitz:							
Fleisch, 1000 t Schlachtgewicht	2 091	2 204	2 373	2 854	2 970	3 005	3 022
Milch, Mio. t	12,9	12,7	12,7	13,7	15,0	16,7	17,2
Eier, Mrd. Stück	10,8	10,5	10,2	10,4	11,2	11,0	10,7
Wolle, 1000 t	41	44	38	58	58,4	.	.

Quelle: Rossijskaja Federacija ..., a.a.O., S. 473; Social ..., a.a.O., S. 30-34.

Nach dem Zerfall der Sowjetunion ist mit dem Rückgang der gesamten Industrieproduktion auch die Produktion von Betriebsmitteln für die Landwirtschaft stark zurückgegangen (siehe Tab. 12). Das bezieht sich auf die gesamte Technik wie auch auf andere Betriebsmittel. Bei Traktoren beispielsweise ist nicht nur die produzierte Stückzahl, sondern auch die Motorleistung pro Traktor rückläufig. Das bedeutet, daß vermehrt kleine Traktoren hergestellt werden.

Die Produktion von landwirtschaftlicher Technik wurde zum größten Teil an landwirtschaftliche Betriebe Rußlands ausgeliefert (siehe Tab. V im Anhang). Ein Teil ist exportiert worden, vor allem in die ehemaligen Unionsrepubliken, andere osteuropäische Staaten und in Entwicklungsländer. In den letzten Jahren stockt der Absatz der landwirtschaftlichen Technik, weil viele Betriebe in Rußland finanziell nicht in der Lage sind, die stark gestiegenen Preise zu bezahlen. Die Preise für Landmaschinen waren z.B. 1993 im Durchschnitt um das 365fache höher als 1990. In der gleichen Zeit sind die staatlichen Aufkaufpreise für landwirtschaftliche Erzeugnisse wesentlich weniger, d.h. nur um das 112fache, gestiegen.[65]

Gleichzeitig ist auch der Export der landwirtschaftlichen Technik stark zurückgegangen. Das hat dazu geführt, daß die Hälfte der Fabriken des Landmaschinenbaus ihre Produktion eingestellt hat. Viele von ihnen sind jetzt mit Nebentätigkeiten im Handels- und Transportbereich beschäftigt.[66]
Das Wirtschaftsministerium hat aus dem Föderalen Fonds für Finanzierung und Hilfe für die Landwirtschaft 850 Mrd. Rubel zur Verfügung gestellt, um den Erwerb von landwirtschaftlicher Technik zu erleichtern. Diese Finanzhilfe erhielt die Aktiengesellschaft "Rosagrosnab", die jetzt als einzige Organisation die Landwirtschaft mit Technik beliefert. Mit staatlicher Unterstützung soll ein Leasingsystem für landwirtschaftliche Technik von "Rosagrosnab" aufgebaut werden. Vorgesehen ist ein Mietkauf mit einer Anzahlung von 25-30 % des Kaufpreises und anschließender Tilgung des Restwertes in drei Jahren.[67] Neue landwirtschaftliche Technik wurde bis vor einigen Jahren überwiegend an Kolchose und

---

65 APK: Ėkonomika, upravlenie, 8/1994, S. 42.

66 Obščaja ..., a.a.O., 8/1994, S. 9.

67 Sel'choztechnika - v rassročku. In: Sel'skaja žizn', 52/1994, S. 1.

Sowchose ausgeliefert, so z.B. im Jahre 1990 96,7 % aller Traktoren. 1993 erhielten die dem Ministerium für Landwirtschaft und Ernährung unterstellten Betriebe, zu denen vor allem Kolchose und Sowchose zählen, 52,7 % der Traktoren, 55,4 % der Mähdrescher und 45,2 % der Melkanlagen.[68] Die übrige knappe Hälfte wurde an Betriebe mit neuen Rechtsformen ausgeliefert.

Noch stärker als die Produktion ist bei den meisten anderen Betriebsmitteln deren Auslieferung an die Landwirtschaft zurückgegangen. So wurden z.B. von den in Rußland im Jahre 1992 produzierten 12,3 Mio. t Mineraldünger nur noch 5,5 Mio. t an landwirtschaftliche Betriebe Rußlands geliefert. Ein großer Teil wurde exportiert, was von Agrarexperten scharf kritisiert wird, weil ein großer Mangel an Mineraldünger in der Landwirtschaft herrscht. Im Vergleich zu 1990 erhielten die landwirtschaftlichen Betriebe im Jahre 1993 wesentlich weniger Betriebsmittel, so z.B. nur noch einen Anteil von 33,3 % Mineraldünger, 54 % Benzin und 63,5 % Dieselkraftstoff.[69]

3.5.2 Verarbeitung von landwirtschaftlichen Erzeugnissen

Wie bereits erwähnt wurde, hatte die Steigerung der landwirtschaftlichen Produktion in der sowjetischen Agrarpolitik absoluten Vorrang, während die Verarbeitung von Agrarrohstoffen vernachlässigt wurde. Demzufolge wurden die landwirtschaftlichen Rohstoffe schlecht genutzt, und es entstanden hohe Nacherenteverluste. Vor dem Krieg und lange Zeit danach hat man die landwirtschaftlichen Erzeugnisse zum großen Teil in den Kolchosen, Sowchosen und landwirtschaftlichen Nebenerwerbsbetrieben selbst verarbeitet. Die industrielle Verarbeitung wurde zwar allmählich ausgebaut, doch die Verarbeitungskapazitäten blieben bis zum heutigen Tage quantitativ und qualitativ unzureichend. Der mit Abstand wichtigste Verarbeitungszweig ist die Nahrungsmittelindustrie, die in der sowjetischen Statistik in a) Nahrungs- und Genußmittelindustrie (piščevkusovaja promyšlennost'), b) Fleisch- und Milchverarbeitungs-, c) Mühlen- und Mischfutter- und d) Fischverarbeitungsindustrie aufgeteilt wird (siehe Tab. 13).

---

68 APK: Ėkonomika, upravlenie, 10/1994, S. 76.

69 Ebenda, S. 65.

Tabelle 12: Entwicklung der Produktion von landwirtschaftlichen Betriebsmitteln 1980-1994

	1980	1985	1990	1991	1992	1993	1994
Traktoren, 1000 Stück	249	261	214	178	137	89	28,5
Motorleistung, Mio. PS	23,3	25,9	22,7	18,7	12,6	.	.
Durchschnittliche Motorleistung eines Traktors, PS	93,6	99,0	106,3	105,2	92,0	.	.
Anhänger für Traktoren, 1000 Stück	223	249	213	175	74,8	.	.
Pflüge für Traktoren, 1000 Stück	60,8	66,2	85,7	81,7	68,7.	.	
Drillmaschinen für Traktoren, 1000 Stück	62,9	65,9	51,1	41,0	21,3	.	.
Grubber für Traktoren, 1000 Stück	153	188	101	71,8	49,1	.	.
Mähmaschinen für Traktoren, 1000 Stück	86,2	78,6	22,6	20,4	13,6	.	.
Mähdrescher, 1000 Stück	117	112	65,7	55,4	42,2	32,9	11,8
Kartoffelvollerntemaschinen, 1000 Stück	10,0	7,4	6,4	5,0	3,2	0,5	0,1
Futtervollerntemaschinen, 1000 Stück	7,4	7,6	10,1	7,4	8,5	2,5	1,4
Melkanlagen, 1000 Stück	31,1	38,9	30,7	17,7	13,7	.	.

Tabelle 12: Fortsetzung

	1980	1985	1990	1991	1992	1993	1994
Mineraldünger, Mio. t[1]	11,8	17,3	16,0	15,0	12,3	9,6	7,9
darunter:							
Stickstoffdünger	5,4	8,0	7,2	6,7	5,8	.	.
Phosphatdünger	2,9	4,4	4,9	4,3	3,0	.	.
Kalidünger	3,5	4,9	3,9	4,0	3,5	.	.
Pflanzenschutzmittel, 1000 t[2]	189	215	111	87,4	65,4	.	.

1 Reinnährstoff.

2 Wirkstoff.

Quelle: Rossijskaja Federacija ..., a.a.O., S. 395 f., 399; Social ..., a.a.O., S. 22, 228, 298.

Tabelle 13: Anteile der Industriezweige bei der Verarbeitung von Agrarrohstoffen 1990 und 1992, %

	1990		1992	
	Produktion	Produktionsfonds[1]	Produktion	Produktionsfonds[1]
Verarbeitungsindustrie, insgesamt	100	100	100	100
darunter:				
Nahrungs- und Genußmittelindustrie[2]	33,1	29,9	37,3	28,8
Fleisch- und Milchverarbeitungsindustrie	35,4	23,2	31,7	21,7
Mühlen- und Mischfutterindustrie	15,6	12,7	18,1	11,2
Fischverarbeitungsindustrie	12,2	31,1	10,6	35,9
Leichtindustrie[3]	3,7	3,1	2,3	2,4

1 Zum Jahresende.

2 Ohne Fleisch- und Milchverarbeitungs-, Mühlen- und Mischfutter- sowie Fischverarbeitungsindustrie.

3 Nur primäre Verarbeitung von Agrarrohstoffen.

Quellen: Narodnoe chozjajstvo RSFSR v 1990 g. ..., a.a.O., S. 394; Rossijskaja Federacija ..., a.a.O., S. 405.

Die Produktionsanteile der Industriezweige waren 1992 niedriger bei der Fleisch- und Milch- sowie Fischverarbeitung und in der Leichtindustrie. Das ist vor allem darauf zurückzuführen, daß die Tierproduktion, dabei vor allem die Produktion von Fleisch und Milch, seit 1991 überdurchschnittlich stark zurückgegangen ist (siehe Tab. VI im Anhang). Gleichzeitig wurden auch weniger Agrarrohstoffe für die Leichtindustrie zur Verfügung gestellt.

Die industrielle Produktion von Nahrungsmitteln und Getränken ist in den 80er Jahren bedeutend gestiegen und seit 1991 rückläufig. Ausnahmen bilden lediglich alkoholische Getränke, deren Produktion im Zusammenhang mit der Antialkoholkampagne seit 1985 rückläufig ist, und Zukker, dessen Produktion 1992 zugenommen hat. Die gestiegene Zuckerproduktion ist nicht das Resultat einer höheren Zuckerernte, sondern einer erhöhten Zuckerausbeute aus Zuckerrüben und Einfuhr von Zuckerrohr.[70]

Einen nicht geringeren Informationswert als absolute Produktionszahlen haben Zahlen für die Produktion pro Kopf der Bevölkerung (siehe Tab. VII im Anhang). Hier ist der gleiche Trend abzulesen, wobei sehr deutlich der Anstieg bis einschließlich 1990 und der Rückgang seit 1991 zum Ausdruck kommen. Lediglich die Produktion von Zucker und getrocknetem Obst war 1992 höher als in den Vorjahren.

Die industrielle Nahrungsmittelproduktion hat sich in starkem Maß auch auf den Verbrauch ausgewirkt. Allerdings ist die industrielle Produktion von Nahrungsmitteln mit dem Verbrauch nicht identisch, weil Rußland nach wie vor Nahrungsmittel importiert und exportiert, wobei der Import wesentlich höher als der Export ist. Außerdem ist ein höherer Anteil der Bevölkerung als früher zur teilweisen Selbstversorgung mit Nahrungsmitteln übergegangen. So war der Verbrauch bei den meisten Grundnahrungsmitteln 1993 weniger rückläufig als die Produktion bzw. höher als ein Jahr zuvor. 1993 wurden im Vergleich zum Vorjahr pro Einwohner 6 % weniger Fleisch, 9 % weniger Milch und 17 % weniger Fisch, doch 10 % mehr Brot und andere Backwaren, 11 % mehr Eier, 12 % mehr Zucker, 19 % mehr Kartoffeln und 31 % mehr Pflanzenöl und andere Fette verbraucht.[71] Eine Eigenart der statistischen Jahrbücher der Rußländischen Föderation ist, daß die Produktion von Brot und anderen Backwaren, außer Konditoreierzeugnissen, nicht ausgewiesen wird.

---

70 Die Zuckerrübenernte betrug im Durchschnitt der Jahre 1986-1990 33,2 Mio. t, dagegen 1991 nur 24,3 und 1992 25,5 Mio. t. Die Zuckerausbeute aus Zuckerrüben betrug 1991 9,13 % und 1992 10,52 %. Siehe Rossijskaja Federacija ..., a.a.O., S. 421, 526.

71 APK: Ėkonomika, upravlenie, 2/1994, S. 11.

4 AGRARREFORMEN IN SOWJETRUSSLAND

4.1 Gründe für Reformen in der Landwirtschaft

Die Sozialisierung der Landwirtschaft hat für die Sowjetführung große politische, wirtschaftliche und soziale Probleme mit sich gebracht. Die Erwartung, mit Hilfe zentraler Planung und Leitung eine effizient funktionierende sozialistische Landwirtschaft aufzubauen und damit eine ausreichende Selbstversorgung des Landes mit landwirtschaftlichen Erzeugnissen sicherzustellen, hatte sich nicht erfüllt.

Der Rückgang der landwirtschaftlichen Produktion nach der Zwangskollektivierung konnte zwar nach mehreren Jahren mit Mühe aufgefangen werden, doch weitere Produktionssteigerungen wurden nur durch hohen Einsatz von Kapital und Arbeit erreicht. Die Versorgung der Bevölkerung mit Nahrungsmitteln blieb jedoch unbefriedigend, die Effizienz der sozialistischen Agrarbetriebe war niedrig.

Die wichtigsten Probleme der sowjetischen Landwirtschaft haben sich jahrzehntelang fortgesetzt und wurden in den 80er Jahren folgendermaßen charakterisiert:

1) verlangsamtes Wachstum der Agrarproduktion,
2) sinkende Kapitalproduktivität bei steigenden Investitionen,
3) Einkommen der Landwirtschaft hoch subventioniert,
4) Anstieg der Verbraucherpreissubventionen,
5) Abhängigkeit von Agrareinfuhren.[72]

Die Sowjetführung war bereits unter Chruschtschow und Breschnew bemüht, die Landwirtschaft zu kurieren. Zu diesem Zweck wurden von Partei und Regierung laufend Programme, Gesetze, Beschlüsse, Dekrete und Verordnungen verabschiedet, mit denen man glaubte, bessere Resultate erzielen zu können. Hauptziel dieser Maßnahmen war die Steigerung der landwirtschaftlichen Produktion, zumal die Produktionspläne meistens nicht erfüllt wurden.

---

[72] E. Schinke, Sowjetische Landwirtschaft: Stagnation überwunden? In: Aktuelle Analysen des Bundesinstituts für ostwissenschaftliche und internationale Studien, 2/1984, S. 1.

Diese administrativen Aktivitäten haben im Ergebnis zu folgenden unterschiedlichen strukturellen Veränderungen im Agrarbereich geführt:

1) Die Planung und Leitung der Landwirtschaft und der mit ihr verbundenen Wirtschaftszweige wechselte mehrfach zwischen den Ressorts bzw. Verwaltungsebenen.
2) Die Betriebsgrößen der Kolchose und Sowchose wurden in manchen Perioden durch Zusammenlegung vergrößert, in anderen Perioden durch Entflechtung verkleinert.
3) Der staatliche Agrarsektor wurde schrittweise durch Umwandlung von Kolchosen in Sowchose erweitert.
4) Der private landwirtschaftliche Sektor wurde zeitweise mehr oder weniger gefördert, dann wiederum eingeschränkt, wodurch seine Anteile an der landwirtschaftlichen Produktion schwankten.
5) In manchen Zeitabschnitten wurden manche Produktionsarten, wie z.B. technische Kulturen, Getreide oder Fleisch, gefördert, die Produktion von anderen landwirtschaftlichen Erzeugnissen vernachlässigt, wodurch sich deren Anteile an der Gesamtproduktion entsprechend änderten.
6) In den 60er Jahren wurde mit der sog. "Industrialisierung der Landwirtschaft" begonnen, indem zwischenbetriebliche Organisationen und Vereinigungen gegründet wurden, deren Mitglieder vor allem Kolchose und Sowchose waren. Sie betätigten sich sowohl im landwirtschaftlichen Bereich, wie z.B. bei der Gründung und dem Betrieb von großen Tierfarmen, darunter auch sog. Geflügelfabriken, als auch in nichtlandwirtschaftlichen Bereichen, dabei insbesondere im Bauwesen und verschiedenen Dienstleistungen.
7) Der weitgehend veraltete und unterentwickelte Verarbeitungsbereich von landwirtschaftlichen Erzeugnisssen erhielt erst ab Ende der 80er Jahre eine höhere Priorität, wobei seine Kapazitäten in bescheidenem Ausmaß erweitert und modernisiert wurden.

Alle diese von der Sowjetführung im Agrarbereich durchgeführten Maßnahmen bewegten sich streng im Rahmen des stark zentralisierten Wirtschaftssystems der Planung und Leitung. Unter diesen Bedingungen waren die lokalen Leitungsorgane und die landwirtschaftlichen Produzenten nicht in der Lage, die ideologischen und bürokratischen Hindernisse zu durchbrechen, Eigeninitiative zu entwickeln und ihre Tätigkeit effizienter zu gestalten.

Dabei war nicht nur Agrarexperten bewußt, daß die sowjetische Landwirtschaft über ein hohes Produktionspotential verfügte, das im bestehenden System nicht ausgeschöpft werden konnte. Die sowjetische Land- und Ernährungswirtschaft war noch mehr als andere Wirtschaftssektoren in ihrer bestehenden Form diskreditiert durch ihre Unfähigkeit, die eigene Bevölkerung quantitativ und qualitativ ausreichend mit Nahrungsmitteln zu versorgen. Trotz einer Ausstattung mit 0,7 Hektar Ackerfläche plus 1,4 Hektar sonstiger Nutzfläche pro Kopf waren riesige Importe von Getreide, Futtermitteln, Fleisch und Zucker notwendig und belasteten stark die Außenhandelsbilanz. Diese bestürzende Bilanz und die Unzulänglichkeit aller systemkonformen Reorganisationen der letzten Jahrzehnte ermöglichten Diskussionen darüber und forderten Veränderungen des Agrarsystems heraus.[73]

Als erster Sowjetführer hat Gorbatschow das gesamte bürokratische Staats- und Wirtschaftssystem in Frage gestellt und eine "Perestroika", d.h. Umgestaltung, der etablierten sowjetischen politischen und wirtschaftlichen Strukturen eingeleitet. Dabei erhielten die Reformen in der Landwirtschaft eine hohe Priorität und erlangten besondere Bedeutung, weil hier zuerst an den dogmatischen Prinzipien des Sozialismus, d.h. am alleinigen Bodeneigentumsrecht des Staates und am gesellschaftlichen Eigentum der Produktionsmittel, gerüttelt wurde.

4.2 Perestroika des Agrarsystems unter Gorbatschow

4.2.1 Umstrukturierung der Agrarverwaltung auf oberster Ebene

Gorbatschow hat schon vor seiner Wahl zum Generalsekretär der KPdSU im Jahre 1985 die sowjetische Agrarpolitik mitgeprägt. Als ausgebildeter Agrarökonom und Jurist wurde er im Herbst 1978 zum Sekretär des Zentralkomitees der Partei ernannt und erhielt die Zuständigkeit für die Landwirtschaft. Unter seiner Mitwirkung wurde im Mai 1982 das sog. Nahrungsmittelprogramm von den obersten Gremien der Sowjetführung verabschiedet, das die Weichen für die sowjetische Agrarpolitik bis zum Jahre 1990 stellte. Dieses Programm enthielt hochgesteckte Ziele für die Land- und Ernährungswirtschaft, wobei das Hauptziel die Steigerung der

---

73 K.-E. Wädekin, Sowjetische Agrarpolitik heute. In: Osteuropa, 6/1990, S. 503.

Nahrungsmittelproduktion war. Das sollte unter anderem durch bessere Koordinierung der Ministerien und Ressorts im Agrarbereich erreicht werden. Es wurden neue Leitungsorgane gebildet, wobei eine Kommission des Ministerratspräsidiums der UdSSR zum obersten Organ für den gesamten agroindustriellen Komplex ernannt wurde. Zu ihr gehörten die Minister für Landwirtschaft, für Milch- und Fleischindustrie, für Obst- und Gemüseproduktion, für Produkterfassung und Aufkäufe, die Vorsitzenden der Staatskomitees für Landmaschinenproduktion und -belieferung, Forstwirtschaft und Holzindustrie, der Leiter der Hauptabteilung für mikrobiologische Industrie sowie andere vom Ministerrat bestimmte Funktionäre. Entsprechende Kommissionen wurden auch in der RSFSR und in anderen Unionsrepubliken eingerichtet.[74] Die Kommissionen hatten außer der Koordinierung der Arbeit von Verwaltungen im Agrarbereich auch die Aufgabe, die Erfüllung von Partei- und Regierungsbeschlüssen und staatlichen Plänen zu kontrollieren und die Jahrespläne der Planungsbehörden zu überprüfen.

Diese Verwaltungsreform allein konnte jedoch zur nennenswerten Steigerung der Nahrungsmittelproduktion kaum etwas beitragen, weil sich dadurch die erforderlichen Voraussetzungen bei den Produzenten praktisch kaum änderten. Die im Nahrungsmittelprogramm vorgesehenen Produktionsziele wurden nicht erreicht, so daß der unbefriedigende Verlauf bei der Durchführung des Programms zu neuen Reformen in der Landwirtschaft herausforderte. Als Gorbatschow seinen Posten als Generalsekretär der KPdSU antrat, war die Land- und Ernährungswirtschaft nicht in der Lage, die Bevölkerung aus eigener Produktion ausreichend mit Nahrungsmitteln zu versorgen. Die landwirtschaftliche Produktion hatte seit Ende der 70er Jahre weitgehend stagniert, obwohl zunehmend höhere Investitionen in die Landwirtschaft getätigt wurden und die Nachfrage nach Nahrungsmitteln allein aufgrund des Bevölkerungswachstums von 0,9 % bzw. von rund 2,5 Mio. pro Jahr zunahm. So wurde die Sowjetunion immer mehr von Agrarimporten abhängig, die die Angebotslücke der einheimischen Nahrungsmittel bei einigen Produkten mehr, bei anderen weniger abdecken konnten. Dieser Zustand belastete den sowjetischen Devisenhaushalt und rief Unzufriedenheit bei der Bevölkerung hervor.

---

74 Partijnaja žizn', 12/1982, S. 69 f.

Deswegen erlangte die Agrarreform bei Gorbatschow eine hohe Priorität, und er wollte seine Erfahrung auf diesem Gebiet nutzen, um in der Landwirtschaft Fortschritte zu erzielen. Ihm war hinreichend bekannt, daß der Verwaltungsapparat der sowjetischen Landwirtschaft auf allen Ebenen stark aufgebläht, bürokratisiert und ineffizient war. Daran hatte auch die Kommission des Ministerratspräsidiums für Landwirtschaft nicht viel geändert. Nach wie vor waren die Zuständigkeit und die Verantwortung für die Entwicklung der Landwirtschaft und der ihr vor- und nachgelagerten Wirtschaftsbranchen auf mehrere Ministerien und Ressorts aufgeteilt. Dieser historisch gewachsene Kompetenzenwirrwarr sollte entflochten werden. Nach Vorstellung von Gorbatschow sollte eine einzige Institution die Planung und Leitung des überwiegenden Teils des agroindustriellen Komplexes übernehmen.

Bereits acht Monate nach der Amtsübernahme als Generalsekretär kam auf seine Initiative ein Beschluß des ZK der KPdSU und des Ministerrats der UdSSR zustande, der auf den Ebenen der Union und der Unionsrepubliken die Bildung von Staatlichen Komitees für Agroindustrie (Gosagroprom) vorsah. Gleichzeitig wurden die Ministerien für Landwirtschaft, Obst- und Gemüseproduktion, Fleisch- und Milchindustrie, Nahrungsmittelindustrie, landwirtschaftliche Bauwirtschaft sowie das Staatskomitee für produktionstechnische Versorgung der Landwirtschaft ebenso aufgelöst, wie die den Unionsministerien bzw. -ressorts untergeordneten entsprechenden Institutionen in den Unionsrepubliken. Gosagroprom wurde auf der Basis der aufgelösten Ressorts gebildet.[75] In Rußland hieß diese gewaltige, branchenübergreifende Institution Gosagroprom der RSFSR.

Gosagroprom der UdSSR, wie auch Gosagroprom der RSFSR, hat nicht den gesamten agroindustriellen Komplex umfaßt. Gleichzeitig mit der Gründung von Gosagroprom wurde auch das Ministerium für Getreideprodukte der UdSSR gebildet, das früher schon einmal bestanden hatte. Dieses Ministerium erhielt die Zuständigkeit für den Aufkauf und die Verarbeitung von Getreide. Auch das bestehende Unionsministerium für

---

75 Ėkonomičeskaja gazeta, 48/1985, S. 17.

Melioration und Wasserwirtschaft wurde dem Gosagroprom nicht eingegliedert.[76]

Wie auf der Unionsebene enstand auch in der RSFSR durch die Vereinigung von Ministerien und Ressorts, die für den überwiegenden Teil der landwirtschaftlichen Produktion, den größten Teil der industriellen Verarbeitung von landwirtschaftlichen Erzeugnissen, für die ländliche Bauwirtschaft und die Versorgung der Landwirtschaft mit Produktionsmitteln zuständig waren, eine Art Superministerium mit großer wirtschaftlicher Macht und weitgehenden Kompetenzen. Damit wurde zwar eine gewisse Straffung in der Agrarverwaltung erreicht, doch das allein konnte die angestrebte Produktionssteigerung und höhere Wirtschaftlichkeit der Betriebe nicht gewährleisten.

4.2.2 Neue Verwaltungsstrukturen in den Gebietskörperschaften

Nach der Verabschiedung des Nahrungsmittelprogramms und Bildung der Kommission für den agroindustriellen Komplex auf Unions- und Republiksebene wurden auch staatliche Verwaltungsorgane in den Gebietskörperschaften etabliert, die zur Erfüllung des Nahrungsmittelprogramms beitragen sollten. Damit wurde eine umfassende Reform des Planungs- und Lenkungsapparates eingeleitet. Auf der Provinzebene wurden sog. agroindustrielle Vereinigungen (APO = agropromyšlennoe ob-edinenie) gegründet. In den größeren Unionsrepubliken, wie in der RSFSR und einigen anderen mit administrativer Einteilung in Bezirke (oblast'), entstanden APO auf Bezirksebene, die in sich die auf ihrem Territorium befindlichen Vereinigungen der Rajons vereinigten. Diese Vereinigungen auf der Ebene der Rajons, genannt RAPO (rajonnoe agropromyšlennoe ob-edinenie), wurden zum wichtigsten Glied der neuen Agrarverwaltungsstruktur. Der Vorsitzende des RAPO-Rats war zugleich Erster Stellvertreter des Vorsitzenden des Exekutivkomitees des Rajonsowjets. Dem Rat gehörten alle Vorsitzenden der Kolchose, der Sowchose und Leiter von anderen mit der Landwirtschaft verbundenen Betrieben an. Die RAPO erhielt die Kompetenz eines staatlichen Planungs- und Kontrollorgans,

---

76 N. Penkaitis, Neuausrichtung der sowjetischen Agrarpolitik unter Gorbatschow. Berlin 1987, S. 16 f. (Gießener Abhandlungen zur Agrar- und Wirtschaftsforschung des europäischen Ostens 151).

das "die staatliche Leitung der Kolchose gewährleistet" und zu dessen wichtigsten Aufgaben die "bedingungslose Erfüllung der Aufträge des Staates für die Lieferung der Produktion in festgelegtem Umfange und Sortiment" zählte. Das bedeutete, daß die RAPO gegenüber den vorgesetzten Instanzen in die Pflicht genommen wurde, das ihr zugewiesene Auftragsvolumen auf jeden Fall unterzubringen, auch wenn ihre Mitglieder sich dagegenstellen sollten.[77]

Vor der Gründung der agroindustriellen Vereinigungen bestand in der Landwirtschaftsplanung Mehrgleisigkeit und Differenzierung einmal zwischen Kolchosen und Sowchosen und zweitens zwischen zentral geleiteten Betrieben und solchen, die der regionalen Landwirtschaftsverwaltung unterstanden. Prinzipiell wurden Kolchose und Sowchose durch die Verwaltungsreform gleichgestellt auch bei der Planung und beim Planvollzug, und Betriebe beider Systeme wurden gleichermaßen und gleichberechtigt Mitglieder der jeweiligen RAPO.[78]

Die Verwaltungsreform in der Landwirtschaft hat dazu geführt, daß manche Kompetenzen in der Verwaltung des agroindustriellen Komplexes von den zentralen Instanzen der Unionsrepubliken auf regionale Instanzen verlagert wurden. In der Praxis jedoch blieben viele zentrale Behörden nach alter Gewohnheit auch weiterhin bemüht, sich viele Entscheidungen vorzubehalten, auch wenn diese vor Ort besser gefällt werden konnten.

Im Zuge der Weiterentwicklung der Wirtschaftsreformen unter Gorbatschow entsprachen die erst kurze Zeit vorher formierten Verwaltungsstrukturen des agroindustriellen Komplexes nicht mehr den Anforderungen auf dem Weg zum marktwirtschaftlich orientierten Agrarsystem. Der Ministerrat der UdSSR faßte am 5. April 1989 einen Beschluß "Über die grundlegende Umwandlung der wirtschaftlichen Beziehungen und Verwaltung im agroindustriellen Komplex des Landes". Dieser Beschluß war eine Absage an die Kommandowirtschaft im Agrarbereich. Die bis dahin staatlich geleiteten agroindustriellen Vereinigungen in den Rajons (RAPO) sollten in neue Organisationen auf Chozrasčet-Basis, d.h. auf

---

77 E. Schinke, Reformen in der sowjetischen Landwirtschaft. Köln 1989, S. 3 und die dort angegebene Quelle (Berichte des Bundesinstituts für ostwissenschaftliche und internationale Studien 24/1989).

78 Ebenda, S. 3 f.

wirtschaftlicher Basis, umgewandelt werden. Vorgesehen waren neue Organisationsformen der "agroindustriellen Integration und Kooperation" in Form von agroindustriellen Vereinigungen, Agrokombinaten, Agrofirmen, Produktionsvereinigungen und andere Organisationsformen auf freiwilliger Basis. In autonomen Republiken, Gebieten, Bezirken wurden anstelle von Verwaltungsbehörden des Gosagroprom Organe der Wirtschaftsselbstverwaltung etabliert. Ihre Funktionen hatten sich grundlegend geändert: Anstatt zentralistischer Planung und Kontrolle der Planerfüllung waren sie zuständig für Kontrolle der Einhaltung von Gesetzen, für die Fragen der Bodennutzung, des Veterinärbereichs, der Produktqualität u.a. Dabei wurde die Organisationsstruktur der staatlichen Verwaltung den Unionsrepubliken überlassen.[79]

Auch diese neuen Agrarverwaltungsstrukturen haben nur kurze Zeit überdauert, weil nach der Bildung der Rußländischen Föderation und neuer Reformpolitik ein verändertes Agrarsystem mit neuer Verwaltung in Rußland entstand (siehe Abschnitt 5.3).

4.2.3 Neue Arbeitsorganisationsformen in landwirtschaftlichen Betrieben

Für die Durchführung des Nahrungsmittelprogramms mit seinen hochgesteckten Zielen der Produktionssteigerung mußte in den landwirtschaftlichen Betrieben die Arbeitsproduktivität deutlich gesteigert werden, zumal die Arbeitskräfte in vielen Kolchosen und Sowchosen zunehmend knapper wurden. Infolgedessen hat die Sowjetführung versucht, durch neue Arbeitsorganisationsformen in den Kolchosen und Sowchosen Anreize zur Steigerung der landwirtschaftlichen Produktion zu schaffen.

Seit 1982 wurde die Einführung des sog. Kollektivauftrages (kollektivnyj podrjad) in den landwirtschaftlichen Betrieben propagiert. Sein Wesen besteht in der Entlohnung eines Arbeitskollektivs nach Akkord. Dabei werden von Kolchosen und Sowchosen dem Kollektiv Boden und andere Produktionsmittel zugewiesen. Den überwiegenden Teil der Arbeit führt das Kollektiv selbst aus. Die Beziehungen zwischen dem Kollektiv und den

79 Sbornik metodičeskich materialov po sel'skochozjajstvennomu i ėkologičeskomu zakonodatel'stvu. Č. 1. Moskva 1991, S. 32 f.

Betriebsleitungen der Kolchose bzw. Sowchose werden vertraglich festgelegt. Die Verträge betreffen mindestens einen ganzen Arbeitsprozeß, häufig einen ganzen Produktionszyklus oder mehrere Produktionszyklen, z.B. die Bewirtschaftung einer bestimmten Fläche oder die Betreuung eines Viehbestandes für ein oder mehrere Jahre. Die Verträge regeln neben Produktionsumfang und Vergütung auch die Versorgung mit Produktionsmitteln, den Zugriff auf Dienstleistungen, Liefertermine u.a.[80] Darüber hinaus können vertraglich auch die Produktionskosten festgelegt werden. In diesem Fall schlagen sich die Kostenersparnisse in der Vergütung nieder, und der Kollektivauftrag geht in den sog. innerbetrieblichen Chozrasčet (Rechnungsführung) über. Diese Form galt als vollkommene, fortschrittliche Form des innerbetrieblichen Chozrasčets.[81]

Der Kollektivauftrag bringt der Arbeitsgruppe höhere Verdienstchancen, aber auch Risiken. Die Einkommen des Kollektivs können in Abhängigkeit vom erzielten Verhältnis von Aufwand und Ertrag sehr unterschiedlich ausfallen. Der Kollektivauftrag hat auch eine Änderung der bisherigen Organisationsstrukturen in den Kolchosen und Sowchosen hervorgerufen, indem anstelle von relativ großen Abteilungen und Brigaden kleine und überschaubare Arbeitsgruppen entstanden.[82] Die Arbeitsmoral und die Initiative der Mitarbeiter dieser Kollektive wurden zwar gestärkt, weil man ihnen mehr Kompetenzen in der Art und Organisation des Arbeitseinsatzes zugestand, sie blieben jedoch in der Praxis weiterhin von den Leitungen der Kolchose und Sowchose abhängig.

4.2.4 Entstehung von bäuerlichen Betrieben auf Pachtlandbasis

Die auf mehr Eigenverantwortung, Initiative und Produktivitätserhöhung orientierte Agrarpolitik unter Gorbatschow löste sich, wenn auch sehr vorsichtig, von den ideologischen Fesseln der sozialistischen Wirtschaft. Ein Schritt in dieser Richtung war die Erweiterung des Kollektivauftrags durch eine rechtlich abgesicherte Möglichkeit, an Arbeitsgruppen und sogar Einzelpersonen Land und Produktionsmittel zu verpachten. Sie er-

---

80 E. Schinke, Reformen ..., a.a.O., S. 18.

81 Ėkonomika sel'skogo chozjajstva, 9/1985, S. 87.

82 E. Schinke, Reformen ..., a.a.O., S. 18 f.

hielten das Recht, auf dem gepachteten Land eigenständig zu wirtschaften, unabhängig von jeglichen Liefer- und Abnahmeverträgen mit Kolchosen bzw. Sowchosen. Mit dem Pachtvertrag war zumindest formal die Grenze zwischen der Arbeitsgruppe mit Kollektivvertrag als Teil des Großbetriebes und dem individuell wirtschaftenden Kleinbetrieb gefallen. Diese Regelung harmonisierte mit der neuen Agrarpolitik, die zunächst die wohlwollende Duldung und dann die begrenzte Förderung aller Formen der ganz oder teilweise aus dem Großbetrieb gelösten Landwirtschaft brachte.[83]

Die dargestellte Form der Bodenpacht wurde durch eine Regierungsverordnung (Ukaz) vom 7. April 1989 weiterentwickelt. Darin wurde das Recht einer Familie anerkannt, außer dieser sogenannten innerbetrieblichen auch eine außerbetriebliche Pacht zu übernehmen, also etwa auch von anderen Bodenbesitzern als dem Großbetrieb, in dem sie tätig waren. Damit war die Möglichkeit für die Etablierung eines selbständigen bäuerlichen Betriebes (krest'janskoe chozjajstvo) eröffnet. Dieser im sozialistischen Wirtschaftssystem neue Terminus war bereits in der ZK-Verordnung vom 16. März 1989 und noch früher in der Fachliteratur aufgetaucht.[84]

Die rechtliche Möglichkeit der innerbetrieblichen und außerbetrieblichen Pacht hatte weitreichende Konsequenzen für die gesamte sowjetische Landwirtschaft. Zumindest rein theoretisch konnten sich selbständige Bauernwirtschaften bilden und damit einen Privatisierungsprozeß der Landwirtschaft einleiten. Die damaligen Gesetze sahen allerdings zunächst kein Privateigentum am Boden, doch immerhin dessen "lebenslangen, erblichen Besitz" vor. Auch in dieser Hinsicht ging die Sowjetführung einen Schritt weiter und überließ den Unionsrepubliken und den Autonomen Republiken die Entscheidung, ob sie überhaupt nur Pacht zulassen wollten. Ihnen wurde das Recht eingeräumt, privates Bodeneigentum für landwirtschaftliche und gärtnerische Nutzung zu genehmigen. Allerdings blieben Kauf, Verkauf, Beleihung, Schenkung und Tausch von Grundstücken in jedem Fall ausgeschlossen.[85]

---

83 E. Schinke, Reformen ..., a.a.O., S. 20.

84 K.-E. Wädekin, Sowjetische Agrarpolitik ..., a.a.O., S. 520 f.

85 Ebenda, S. 511.

Die sowjetische Literatur tat sich anfangs aus ideologischen Gründen schwer, eine passende Bezeichnung für Privatbauern auf Pachtbasis zu finden. Sie wurden oft als "Familienarbeits-Bauernwirtschaft" (semejnotrudovoe krest'janskoe chozjajstvo) bezeichnet, wodurch eine Abgrenzung vom Privateigentum, das jahrzehntelang als "kapitalistisch" verteufelt worden war, zum Ausdruck kommen sollte. Dabei ist eine private Landwirtschaft bekanntlich auch auf Pachtbasis möglich. Später hat sich dann die Bezeichnung "Farmwirtschaft" (fermerskoe chozjajstvo) und schließlich "Farm" (ferma) eingebürgert.

Den von der Unionsregierung gewährten Freiraum in der Agrarpolitik, und speziell im Bodenrecht, haben die Unionsrepubliken sehr unterschiedlich genutzt. Vor allem in den baltischen Republiken wurde die Bezeichnung "privates Bodeneigentum" nicht gemieden, und Gründungen von privaten Bauernbetrieben wurden unterstützt. Dagegen verhielt sich die Regierung der RSFSR, wie auch die der meisten anderen Unionsrepubliken, sehr konservativ. Anfang 1990 existierten in der gesamten Sowjetunion rund 10 000 private Bauernbetriebe, davon rund 5 900 auf dem kleinen Territorium der baltischen Länder.[86] Auf dem Territorium der RSFSR war die Gründung von privaten Bauernbetrieben nur in Ansätzen erkennbar.

Die sowjetischen Parteiideologen, die Staatsfunktionäre und die Führungsriege der Landwirtschaft wurden von der Aufgabe der sozialistischen Prinzipien im Agrarbereich und der raschen Wandlung der sozialistischen Landwirtschaft überrumpelt. Die neuen Betriebsformen haben jedoch außer ideologischen auch viele rechtliche und ökonomische Probleme aufgeworfen und das bisherige sozialistische Agrarsystem in Frage gestellt. Bevor diese Probleme geregelt und wenigstens in Ansätzen gelöst werden konnten, ist die Sowjetunion auseinandergebrochen. Die aus der RSFSR hervorgegangene Rußländische Föderation ging, wie die anderen ehemaligen Unionsrepubliken auch, ihren eigenen Weg in der Agrarpolitik.

---

86 K.-E. Wädekin, Sowjetische Agrarpolitik ..., a.a.O., S. 511.

5 PRIVATISIERUNGSTENDENZEN IN DER AGRARWIRTSCHAFT DER RUSSLÄNDISCHEN FÖDERATION

5.1 Rahmenbedingungen

Wie bereits erwähnt, wurde in den letzten Jahren des Bestehens der Sowjetunion die theoretische Möglichkeit eröffnet, private Bauernbetriebe zu gründen. Wie weit diese Privatisierung gehen sollte, hing vom Wohlwollen der Unionsregierung, der Regierung der RSFSR und auch der lokalen Staatsfunktionäre ab. Der Unsicherheitsfaktor war so groß, daß das Recht auf Gründung von privaten bäuerlichen Betrieben kaum in Anspruch genommen wurde. Nach dem Zerfall der Sowjetunion und der Gründung der Rußländischen Föderation konnte die neue Führung unter dem Präsidenten Jelzin eigenständige Reformpolitik betreiben. Allerdings waren die politischen Machtverhältnisse in Moskau sehr kompliziert, weswegen auch in der Agrarpolitik kein eindeutiger Trend bestand. Einfluß auf die Wirtschaftspolitik besaßen das mehrheitlich von Altkommunisten beherrschte gesetzgebende Organ, der Oberste Sowjet, der mit großen Kompetenzen ausgestattete Präsident und die Regierung, die die vom Obersten Sowjet verabschiedeten Gesetze und die Verordnungen des Präsidenten auszuführen hatte. Der politische Machtkampf zwischen dem konservativen Parlament und dem reformfreudigen Präsidenten führte oft zu Unstimmigkeiten, gegensätzlichen Positionen, Widersprüchen zwischen den Gesetzen und Verordnungen, wodurch eine sinnvolle Wirtschaftspolitik behindert wurde.

Hinzu kam, daß Jelzin seinen Stellvertreter, d.h. den damaligen Vizepräsidenten Ruzkoi, mit der Zuständigkeit für den agroindustriellen Komplex beauftragte. Das geschah offensichtlich nur aus dem Grund, um seinen konservativen Rivalen von anderen Amtsgeschäften fernzuhalten. Ruzkoi hatte oft Meinungsverschiedenheiten mit Jelzin und erwies sich als Bremsklotz im Reformprozeß. Als ehemaliger Luftwaffengeneral hatte er zwar keine Fachkompetenz im landwirtschaftlichen Bereich, doch aufgrund seines Amtes war er in der Lage, gewissen Einfluß auf die Entwicklung der Landirtschaft auszuüben. Dabei hat er sich eindeutig gegen eine "Schocktherapie" in der Agrarpolitik ausgesprochen und die Meinung vertreten, daß geeignete Voraussetzungen für Gründungen von privaten Bauernbetrieben nicht vorhanden seien. Nichstdestoweniger erkannte er die Notwendigkeit der Agrarreform, einschließlich der Bodenprivatisierung, Liquidierung der zahlungsunfähigen (nesostojatel'nych) Betriebe und Umwandlung der Kolchose und Sowchose in Betriebe mit marktwirtschaftlichen Strukturen.[87]

Auch unter den Agrarwissenschaftlern ist der konservative Flügel stark vertreten. So hat z.B. ihr prominenter Vertreter Starodubzew, Mitglied der Rußländischen Akademie der Agrarwissenschaften, Deputierter des Föderationsrates und Vorsitzender der konservativen Bauernunion (krest'janskij sojuz), viele Reformgesetze volksfeindlich, grausam und legitime Beraubung des Volkes heute und für nächste Generationen genannt.[88] Seine Position wurde bezeichnenderweise von Ruzkoi gutgeheißen.

Ein anderes Mitglied der Rußländischen Akademie der Agrarwissenschaften, Dobrynin, hat das von Amerikanern ausgearbeitete und bekanntgewordene Programm zur Privatisierung der Landwirtschaft im Bezirk Nischni Nowgorod als deren Ziel gewertet, den endgültigen Zusammenbruch der gesellschaftlichen Produktion herbeizuführen. Für ihn stellt sich die Frage, ob die Agrarreform nicht gestoppt werden müßte. Dabei würden immer neue Verordnungen erscheinen, die oft nicht durchdacht wären, sich widersprechen und keine Voraussetzungen für ihre Durchführung mitbringen würden.[89] Eine kritische Stellung zu der Agrarreform nimmt auch der Präsident der Rußländischen Akademie der Agrarwissenschaften, Romanenko, ein, der das Fehlen eines langfristigen Programms für die Entwicklung der Landwirtschaft bemängelt und die Frage stellt, ob eine Reform nur der Reform selbst oder den Menschen dienen soll.[90]

Die Einstellung zur Privatisierung der Landwirtschaft ist in der Gesellschaft, in den Parteien, im Parlament, bei den Staatsfunktionären und in der Landbevölkerung sehr zwiespältig. Die Schwierigkeiten bei der Reorganisation der Kolchose und Sowchose und bei Gründungen von privaten Bauernbetrieben sowie der Rückgang der landwirtschaftlichen Produktion

---

87 A.V. Ruzkoj, Agrarnaja reforma v Rossii. Moskva 1993, S. 135 ff.

88 Obščaja ..., a.a.O., 8/1994, S. 14 f.

89 Ebenda, S. 4 f.

90 Ebenda, S. 5 f.

und die Verschlechterung des Lebensstandards der Bevöikerung haben den Privatisierungsgegnern starken Auftrieb gegeben. Die krisenhafte Situation der Gesamtwirtschaft und die damit verbundene schwere Finanzlage des Staates erschweren zusätzlich die Rahmenbedingungen für eine erfolgversprechende Privatisierung der Landwirtschaft in den nächsten Jahren.

5.2 Gesetzliche Grundlagen

Grundlagen für die Privatisierung der Landwirtschaft in Rußland und anderen Unionsrepubliken wurden durch die Unionsgesetzgebung im Jahre 1990 gelegt. Von entscheidender Bedeutung war das am 18. Februar 1990 vom Obersten Sowjet der UdSSR verabschiedete Gesetz "Grundlagen der Gesetzgebung der UdSSR und der Unionsrepubliken über den Boden".[91] Dieses Gesetz hat den Unionsrepubliken das Recht eingeräumt, eigene Bodengesetze zu verabschieden. Bald darauf wurde am 6. März 1990 ein weiteres weittragendes Unionsgesetz "Über das Eigentum der UdSSR" verabschiedet. Mit diesem Gesetz wurde das bis dahin geltende alleinige Recht des Staates am Bodeneigentum aufgegeben und neben dem staatlichen Eigentum auch das kollektive und private Bodeneigentum zugelassen. Als kollektives Eigentum wurde der Boden von gepachteten Betrieben, kollektiven Betrieben, Genossenschaften, Aktiengesellschaften, wirtschaftlichen Vereinigungen und Gesellschaften, gesellschaftlichen Organisationen und anderen Vereinigungen von juristischen Personen definiert.[92]

Der Oberste Sowjet der RSFSR hat den den Unionsrepubliken eingeräumten Freiraum in der Gesetzgebung genutzt und beginnend Ende 1990 eine Reihe von Gesetzesakten verabschiedet, die rechtliche Grundlagen für die Privatisierung der Landwirtschaft in Rußland bildeten. Vorausgegangen war der II. Kongreß der Volksdeputierten der RSFSR, der die Weichen für die Agrarreform und die Entwicklung des agroindustriellen Komplexes stellte. Der Grundstein dafür wurde mit dem Erlaß (postanovlenie) des Kongresses "Über das Programm der Wiederaufrich-

---

91 Vedomosti S-ezda narodnych deputatov SSSR i Verchovnogo Soveta SSSR, 1990, Nr. 10, § 129.

92 Ebenda, Nr. 11, § 164.

tung des russischen Dorfes und der Entwicklung des agroindustriellen Komplexes" gelegt, der am 3. Dezember 1990 verabschiedet wurde.[93]

Der Kongreß hat das durch den Obersten Sowjet und den Ministerrat der RSFSR ausgearbeitete Programm zur Entwicklung des russischen Dorfes und des agroindustriellen Komplexes in seinen Grundzügen gebilligt und den Obersten Sowjet und den Ministerrat verpflichtet, innerhalb eines Monats eine Reihe von Verordnungen zur Entwicklung der ländlichen Infrastruktur zu verabschieden. Der Kongreß hat die Vielfalt und Gleichberechtigung der staatlichen, kollektivwirtschaftlich-genossenschaftlichen (kolchozno-kooperativnoj), kollektiv-anteiligen (kollektivno-dolevoj) und privaten Formen des Eigentums bestätigt und die Entwicklung aller Betriebsformen, d.h. der Kolchose, Sowchose, privaten Bauernwirtschaften, bäuerlichen Genossenschaften und Vereinigungen, befürwortet.

Von Bedeutung für die Bodengesetzgebung war die Festlegung des Kongresses, daß die regionalen Sowjets den interessierten Bürgern den Boden zwecks landwirtschaftlicher Produktion zur Verfügung zu stellen hatten. Der Boden durfte zwar vererbt werden, doch sein Verkauf oder seine Umwidmung für andere Nutzung konnte nur über regionale Sowjets vorgenommen werden. Der erworbene Boden durfte grundsätzlich innerhalb von zehn Jahren nicht verkauft werden. Im Erlaß des Kongresses wurden der Oberste Sowjet und der Ministerrat der RSFSR sowie die Gebietskörperschaften der RSFSR verpflichtet, der Entwicklung des agroindustriellen Komplexes Vorrang einzuräumen und Änderungen in den Bereichen der Struktur-, Investitions- und Steuerpolitik zugunsten der sozialen Sphäre des Dorfes vorzunehmen. Zu diesem Zweck sollten ab 1991 nicht weniger als 15 % des Nationaleinkommens der RSFSR bereitgestellt werden.[94]

Die Beschlüsse der Volksdeputierten waren richtungbestimmend für die Gesetzgebung. Von grundlegender Bedeutung für die Privatisierung der Landwirtschaft waren die daraufhin in kurzer Folge verabschiedeten Gesetze "Über das Eigentum der RSFSR", "Über die Bodenreform" und

---

93 Sovetskaja Rossija, 278/1990.

94 Ebenda.

"Über die Bauernwirtschaft (Farm)".[95] Voraussetzung für die Verabschiedung dieser weitgehenden Reformgesetze waren zahlreiche Veränderungen in der Verfassung der RSFSR, die vom Obersten Sowjet der RSFSR am 15. Dezember 1990 verabschiedet wurden.[96]

Von grundsätzlicher Bedeutung dabei war, daß jeder Bürger einen Anspruch auf kostenlose Bodenzuteilung bis zu einer lokal festgelegten Größennorm erhielt. Darüber hinaus hatte jeder Bürger das Recht, zusätzlichen Boden zu kaufen und sein Bodeneigentum zu vererben. Das wurde dadurch ermöglicht, daß Kolchose und Sowchose einen Teil ihrer Böden abtreten mußten. Von Bedeutung für den Privatisierungsprozeß war auch die gesetzlich vorgeschriebene sog. Registrierung der Kolchose und Sowchose, wonach diese in freier Entscheidung ihre Rechtsform beibehalten oder sich in andere privatrechtliche Betriebsformen umwandeln durften.

Den oben genannten grundlegenden Gesetzen folgten bald zahlreiche andere Agrarreformgesetze, Verordnungen des Präsidenten und des Ministerrats der RSFSR, die wegen des Zeitdrucks oft nicht ausgereift und wegen der Rivalität zwischen dem Obersten Sowjet, dem Präsidenten und dem Ministerrat nicht selten widersprüchlich waren. Aus diesen Gründen wurden manche Gesetze novelliert, Verordnungen geändert und ergänzt.

5.3 Reform der Agrarverwaltung

Wie bereits dargestellt, unterlagen die Strukturen der Leitungsorgane für die Agrarwirtschaft unter Gorbatschow mehrfachen Veränderungen, die jedoch keine spürbaren Verbesserungen brachten. Auch die reformierten Verwaltungsstrukturen in den letzten Jahren des Bestehens der RSFSR entsprachen nicht den neuen Anforderungen des Reformprozesses in der Rußländischen Föderation auf dem Weg zur Privatisierung des agroindustriellen Komplexes.

---

95 Gesetzestexte siehe in Sovetskaja Rossija, 4, 7 und 8/1991.

96 Ebenda, 269/1990.

Die Regierung hat am 28. Dezember 1991 das Dekret "Über die Reformierung des staatlichen Verwaltungssystems des agroindustriellen Komplexes der Rußländischen Föderation" erlassen.[97] Als wichtigste Aufgabe der Verwaltung des agroindustriellen Komplexes wurden bezeichnet:

1) Schaffung von günstigen Bedingungen für effiziente Entwicklung der Landwirtschaft und anderer Zweige des agroindustriellen Komplexes,
2) Durchführung der Agrarreform,
3) Organisierung der Kaderausbildung für den agroindustriellen Komplex,
4) Unterstützung der Agrarwissenschaften sowie Verbreitung von fortschrittlicher Technologie und neuen Methoden im Wirtschaftsprozeß.

Zum obersten Leitungsorgan des agroindustriellen Komplexes wurde das Ministerium für Landwirtschaft der Rußländischen Föderation bestimmt. Auch in den zur Rußländischen Föderation gehörenden Republiken wurden die Ministerien für Landwirtschaft zum obersten Leitungsorgan des gesamten agroindustriellen Komplexes. In den Regionen, Bezirken und autonomen Gebieten wurden Departements und in den Rajons Abteilungen für die Landwirtschaft errichtet. In den Städten Moskau und St. Petersburg wurden Komitees für Nahrungswirtschaft etabliert.

Im Regierungsdekret werden zahlreiche Funktionen des staatlichen Verwaltungsapparates des agroindustriellen Komplexes aufgelistet, zu denen außer der Tätigkeit im Bereich der landwirtschaftlichen Produktion vor allem die staatliche Kontrolle über die Einhaltung von gesetzlichen Normen, die Ausarbeitung der Richtlinien für Agrarpolitik, von Programmen für die soziale und wirtschaftliche Entwicklung der Regionen und Zweige des agroindustriellen Komplexes, Unterstützung von bäuerlichen Betrieben, Nebenerwerbswirtschaften, ländlichen Genossenschaften, Aktiengesellschaften und anderen Betriebsformen gehören.[98]
Gemäß einer Umfrage bei den Führungskräften und Experten der großen landwirtschaftlichen Betriebe werden die neuen Verwaltungsstrukturen größtenteils negativ eingestuft. Sie bemängeln, daß die Verwaltungsor-

---

97 O reformirovanii sistemy gosudarstvennogo upravlenija agropromyšlennom kompleksom Rossijskoj Federacii. Postanovlenie Pravitel'stva Rossijskoj Federacii ot 28 dekabrja 1991 goda No. 81. In: Ėkonomika sel'skochozjajstvennych i pererabatyvajuščich predprijatij, 3-4/1992, S. 19.

98 Ebenda, S. 19 f.

gane die Interessen ihrer Betriebe nicht schützen. Obwohl die sog. Kommandowirtschaft abgebaut werden sollte, behaupten zahlreiche Führungskräfte der landwirtschaftlichen Betriebe, daß die Verwaltungen der Rajons nach wie vor die Macht haben, Produktionsarten und -mengen, Verkäufe der Produktion, Saatflächenstruktur, Struktur und Bestand der Viehherden zu bestimmen. Darüber hinaus könnten die Rajonverwaltungen die Erzeuger zwingen, ihre Produktion zu ungünstigen Preisen zu verkaufen, Sanktionen verhängen usw.

Nach ihrer Meinung kämen die größten negativen Auswirkungen auf die landwirtschaftlichen Betriebe von oberen Verwaltungsorganen, dabei vor allem von den Behörden auf der Ebene der Republik, weil dort die wichtigsten ökonomischen Hebel, wie z.B. Preise, Kredite, Steuern, staatliche Investitionen, Subventionen, obligatorische Verkäufe an den Staat, festgelegt werden. Darüber hinaus hat mehr als die Hälfte der Befragten beklagt, daß die Führungskräfte nicht mehr Rechte hätten als früher.[99]

5.4 Reorganisation der Kolchose und Sowchose

Die unbefriedigenden wirtschaftlichen Ergebnisse in den Kolchosen und Sowchosen haben zu einer neuen Einstellung gegenüber den sozialistischen Agrarbetrieben in der Rußländischen Föderation geführt. Gemäß den Vorstellungen der neuen Staatsführung sollten sich landwirtschaftliche Betriebe auf marktwirtschaftlich orientierte Betriebsformen umstellen. Die Regierung der Rußländischen Föderation hat am 29. Dezember 1991 das Dekret "Über Verfahren der Reorganisation von Kolchosen und Sowchosen" erlassen.[100] Dieses Dekret stützt sich auf Direktiven des Präsidenten zur Durchführung der Agrarreform. Im Regierungsdekret werden Kolchose und Sowchose verpflichtet, bis zum 1. Januar 1993 ihre Reorganisation durchzuführen, ihre Satzungen in Einklang mit den Reformgesetzen und anderen gesetzlichen Akten zu bringen und ihre reformierten Betriebe registrieren zu lassen. Zu diesem Zweck wurden Kom-

99 J. Buchtojarov, Problemy agrarnoj reformy. In: APK: Ėkonomika, upravlenie, 9/1993, S. 32 f.

100 O porjadke reorganizacii kolchozov i sovchozov. Postanovlenie Pravitel'stva Rossijskoj Federacii ot 29 dekabrja 1991 goda No. 86. In: Ėkonomika sel'skochozjajstvennych i pererabatyvajuščich predprijatij, 3-4/1992, S. 21 f.

missionen für die Privatisierung der Böden im Besitz von Kolchosen und Sowchosen und zur Reorganisation dieser Betriebe gebildet. Diese bestanden auf den Ebenen der Republiken, Regionen, Bezirke, autonomen Gebiete und Rajons.

In den Kolchosen und Sowchosen wurden ebenfalls Kommissionen für die Bodenprivatisierung und Reorganisation der Betriebe gebildet, die sich aus Vertretern der Betriebe, der lokalen Staatsorgane und der Komitees zur Durchführung der Bodenreform zusammensetzten.

Das Ministerium für Landwirtschaft hat bald darauf Empfehlungen zur Reorganisation von Kolchosen und Sowchosen erlassen, die gleichzeitig einige Definitionen und Klarstellungen enthielten. Dabei wurde Privatisierung als kostenloser oder erkaufter Empfang von Eigentum des Staates oder der Gebietskörperschaften durch private oder juristische Personen definiert. In Kolchosen und Sowchosen unterliegt der Boden der Privatisierung. Als Reorganisation wurden Prozesse der Aufteilung der Betriebe in kleinere Betriebe, Verschmelzung mit anderen Betrieben oder ihre Umwandlung in andere rechtliche und organisatorische Formen definiert.[101]

Von Interesse ist die Klarstellung, daß nicht nur Kolchose als nichtstaatliche Betriebe gelten, sondern auch gemäß dem Artikel 12 der Verfassung der Rußländischen Föderation die Sowchose. In diesem Zusammenhang werden die Kolchose und Sowchose gleich behandelt, sie werden definitionsgemäß nicht privatisiert, sondern unterliegen einer Reorganisation. Unter den landwirtschaftlichen Betrieben bilden diejenigen eine Ausnahme, die eine überregionale Bedeutung haben oder die weitgehend industrialisiert sind. Solche Betriebe bleiben zunächst im Eigentum des Staates.

Im Regierungsdekret wurden die Rechte der Beschäftigten in den Kolchosen und Sowchosen bei der Durchführung der Reorganisation festgelegt. Mitglieder der Kolchose und Mitarbeiter der Sowchose, darunter auch Rentner, erhielten einen Anspruch auf kostenlose Zuteilung eines Anteils am Boden und Vermögen ihrer Betriebe. Den Entscheidungen des Kol-

---

101 Rekomendacii po reorganizacii kolchozov i sovchozov. In: Ėkonomika sel'skochozjajstvennych i pererabatyvajuščich predprijatij, 5-6/1992, S. 19 f.

lektivs wurde überlassen, ob sie den gleichen Anspruch auch Beschäftigten in Objekten des sozialen Bereichs auf dem Territorium des Betriebes gewähren wollen oder nicht. Die Anteile am Boden durften in Flächen- oder Geldeinheiten festgelegt werden. Die Höhe der Vermögensanteile war von der geleisteten Arbeit im Betrieb, d.h. von den Arbeitsjahren und vom Verdienst, abhängig. Die Anteile am Boden und Betriebsvermögen durften zusammengelegt und in Geldeinheiten ausgedrückt werden. Den Anspruchsberechtigten mußten Eigentumsnachweise in Form von Aktien oder anderen Eigentumsurkunden ausgestellt werden. Die Eigentümer der Anteile hatten Anträge an Kommissionen der Betriebe zu stellen und hatten dabei folgende Auswahlmöglichkeiten über die Verwendung ihrer Anteile:

1) Empfang ihrer Anteile an Boden und Produktionsmitteln zwecks Gründung eines eigenständigen Bauernbetriebes oder anderer unternehmerischer Tätigkeit,
2) Übergabe des Anteils als Gründungsbeitrag an eine Gesellschaft (tovariščestvo) oder Aktiengesellschaft,
3) Übergabe des Anteils als Beitrittsbeitrag an eine Genossenschaft,
4) Verkauf der Anteile an andere Beschäftigte des Betriebes oder an den Betrieb.[102]

Diese Bestimmungen galten für alle Kolchose und Sowchose und ihre Beschäftigten, und zwar unabhängig davon, ob diese Betriebe sich auflösten, in andere organisatorische und rechtliche Formen umgewandelt wurden oder ihren Status behielten. Die Entscheidung über die künftige Betriebsform war den Kollektiven überlassen.

Wie bereits erwähnt, waren alle Kolchose und Sowchose verpflichtet, im Laufe des Jahres 1992 ihre reorganisierten Betriebe, mit neuem oder altem Status, bei den Behörden registrieren zu lassen. Jedoch nicht alle Betriebe sind dieser Anordnung in der festgelegten Frist gefolgt. Anfang 1993 hat sich folgendes Bild über die Registrierung der Kolchose und Sowchose im Jahre 1992 ergeben:

---

102 O porjadke reorganizacii, a.a.O., S. 21.

Kolchose und Sowchose Anfang 1992, insgesamt	25 609
davon haben sich registrieren lassen	19 719 (77 %)
umgewandelt in andere Betriebsformen	13 949
Anteil an registrierten Betrieben, %	70,7
GmbH und andere Gesellschaften	8 551
ländliche Genossenschaften	1 661
Vereinigungen von Bauernwirtschaften	748
Hilfsbetriebe	347
Aktiengesellschaften (offene)	328
Sowchose, umgewandelt in Kolchose	251
andere Betriebsformen	2 062

Bezeichnend ist, daß bei den Sowchosen nur ein kleiner Anteil seinen früheren Status beibehalten hat. Bis zum 1. Januar 1993 hatten sich 9 021 Sowchose registrieren lassen, wobei nur 2 478 ihren Status behielten, was einem Anteil von 27,5 % entspricht.[103]

Wie aus den oben angegebenen Zahlen hervorgeht, hat der größte Teil der umgewandelten Betriebe (61,3 %) die Form der Gesellschaft mit beschränkter Haftung bzw. andere Gesellschaftsformen gewählt. An zweiter Stelle folgen die ländlichen Genossenschaften mit einem Anteil von 11,9 %. Diese neuen Betriebe entstanden zum Teil durch Aufspaltung bzw. Verkleinerung von Kolchosen und Sowchosen. Die durchschnittlichen Betriebsflächen dieser Gesellschaften bzw. Genossenschaften betragen etwas mehr als 1 000 - 1 500 ha.[104]

Die Reorganisation von Kolchosen und Sowchosen in andere Betriebsformen ist oft nur formal erfolgt, wobei in der Betriebsstruktur und Arbeitsorganisation keine bzw. keine wesentlichen Veränderungen eingetreten sind. Die Existenz der formalen Umwandlungen der sozialistischen Betriebe, die auf dem Land als "Schilderwechsel" bezeichnet werden, wurde auch vom ehemaligen Minister für Landwirtschaft und Ernährung der Rußländischen Föderation, Chlystun, zugegeben. Er schloß dabei nicht aus, daß die Zahl solcher Betriebe Tausende betragen könnte, doch

---

103 Krest'janskie vedomosti, 9/1993, S. 1.

104 A. Kostjaev, D. Orcessek, Obščnost' i različija agrarnych reform v Rossii i vostočnych zemljach FRG. In: APK: Ėkonomika, upravlenie, 7/1993, S. 63.

der Schilderwechsel könnte nach seiner Meinung auch Anfang einer echten Umwandlung sein.[105]

Die Zeit nach der Reorganisation ist zu kurz, um über Erfolg oder Mißerfolg von einzelnen neuen Betriebsformen zu urteilen. Gemäß der Meinung von Chlystun könnten bäuerliche Vereinigungen die erfolgversprechendste Form von neuen landwirtschaftlichen Betrieben sein. Diese Meinung wird jedoch nur von wenigen Theoretikern und Praktikern geteilt. Die Zahl von 748 Vereinigungen von Bauernwirtschaften, die sich 1992 etabliert haben, ist im Verhältnis zu anderen Betriebsformen verschwindend klein.

5.4.1 Regeln für die Umwandlung und Auflösung von Kolchosen und Sowchosen

In den Empfehlungen des Ministeriums für die Landwirtschaft der Rußländischen Föderation sind folgende Fälle für Umwandlungen und Auflösungen von Kolchosen und Sowchosen vorgesehen:

1) Aufteilung der Kolchose und Sowchose in private Bauernbetriebe und andere private Betriebe,
2) Umwandlung von Kolchosen und Sowchosen in Aktiengesellschaften,
3) Umwandlung von Kolchosen und Sowchosen in Produktionsgenossenschaften,
4) Auflösung und Reorganisation von zahlungsunfähigen Kolchosen und Sowchosen.

Zu 1: Die Entscheidung über die Auflösung eines Kolchoses oder Sowchoses und seine Aufteilung in private Betriebe mit anschließender Vereinigung dieser Betriebe in unternehmerischen Vereinigungen wird auf der Versammlung von Anteilseigentümern am Boden und Betriebsvermögen getroffen. Die betriebliche Kommission für die Reorganisation führt die Auflösung durch und bereitet den Plan für die Aufteilung des Betriebes vor. Die aufzuteilenden Wirtschaftsobjekte müssen eigenständige Produktionseinheiten bilden, wie z.B. Tierfarm, Verarbeitungsabteilung, Mühle, Reparaturwerkstatt,

---

105 Fermer, 3-4/1993, S. 9.

Teichwirtschaft usw. Bei der Aufteilung von LN müssen die Zahl der Anteilseigner, die Pflanzenbau betreiben wollen, die maximal zulässige Bodenfläche pro Betrieb, die künftige Spezialisierung der Bauernwirtschaften und eine rationelle Bodennutzung berücksichtigt werden.

Personen, die ihre Anteile am Boden und Betriebsvermögen erhalten haben, sind vollberechtigte Eigentümer dieser Objekte und können über sie nach eigenen Vorstellungen im Rahmen der Gesetze verfügen. Sie sind verpflichtet, ihre Betriebe bei den lokalen Sowjets anzumelden und erhalten den Status einer juristischen Person. Der Beitritt zu einer unternehmerischen Vereinigung wird dringend empfohlen, ist aber freiwillig.[106]

Zu 2: Die Vorbereitungsarbeit für die Umwandlung eines Kolchoses oder Sowchoses in eine Aktiengesellschaft und Vorlage eines Projektes für die Satzung ist die Aufgabe der betrieblichen Kommission für die Reorganisation. Die Entscheidung über die Umwandlung des Betriebes in eine Aktiengesellschaft und die Annahme der Satzung wird auf der Versammlung derjenigen Anteilseigner am Boden und Betriebsvermögen getroffen, die nicht aus dem Betrieb austreten.

Gründungsmitglieder der Gesellschaft können alle Anteilseigner am Boden und Betriebsvermögen, die den Betrieb nicht verlassen haben, und auch andere private oder juristische Personen sein. Gründungskapital können Geldmittel, Vermögen, Rechte zur Nutzung von Boden und anderen Naturschätzen sowie andere Objekte sein, die in den Gesetzen der Rußländischen Föderation vorgesehen sind. Wenn die Zahl der Gründungsmitglieder 100 übersteigt, muß den Ministerien für Wirtschaft und Finanzen ein Prospekt zur Aktienemission vorgelegt werden. Die Aktiengesellschaft kann eine offene oder eine geschlossene sein. Die offene Aktiengesellschaft formiert ihr Vermögen aus den Beiträgen der Gründer, aus dem Aktienverkauf und anderen Einnahmen. Jeder Eigentümer von Aktien darf sie anderen Eigentümern der Gesellschaft übergeben. Das Vermögen einer geschlossenen Aktiengesellschaft wird aus den Gründungsbeiträgen, Einnahmen und anderen Quellen gebildet. Die

---

106 Rekomendacii ..., a.a.O., S. 22.

Übergabe von Aktien eines Eigentümers an einen anderen bedarf der Zustimmung der übrigen Aktionäre.

Die Umwandlung von Kolchosen und Sowchosen in Aktiengesellschaften wird vom Landwirtschaftsministerium in den Fällen empfohlen, wo die Aufteilung in private Betriebe mit eigenständigem technologischem Zyklus nicht möglich bzw. nicht zweckmäßig ist, wie z.B. bei Geflügelfabriken, Treibhauskombinaten, Viehmastkomplexen.[107]

Zu 3: Die Vorbereitung und Ausarbeitung einer Satzung bei der Umwandlung in eine Produktionsgenossenschaft obliegt der Kommission für Reorganisation. Die Entscheidungen für die Umwandlung und die Annahme der Satzung werden auf Versammlungen der Anteilseigner, die nicht aus dem Betrieb austreten, getroffen. Mitglieder einer Produktionsgenossenschaft können alle Anteilseigner am Boden und Betriebsvermögen werden, die den Betrieb nicht verlassen. Ihre Anteile werden als Gründungsbeiträge angerechnet. Das Vermögen der Genossenschaft setzt sich zusammen aus den Gründungsbeiträgen, zugewachsenen Anteilen und den nicht aufgeteilten Fonds. Diese Fonds sind gemeinsames Eigentum der Genossen und dürfen in Naturform nicht aufgeteilt werden. Das anteilige Kapital ist kollektives Eigentum und kann beim Austritt eines Mitgliedes in Natur- oder Geldform ausgehändigt werden. Diese Betriebsform wird bei der Reorganisation der Kolchose und Sowchose in den Fällen empfohlen, wo die Aufteilung des Betriebes in kleine private Betriebe technologisch und wirtschaftlich sinnvoll wäre, doch das Arbeitskollektiv eine Aufteilung abgelehnt hat.[108]

Zu 4: Als zahlungsunfähig galt Anfang 1992 ein Kolchos oder Sowchos, wenn seine Verschuldung das Betriebsvermögen übertraf oder wenn seine Rückzahlungsfristen für Darlehen überzogen waren. Ausgenommen von dieser Definition der Zahlungsunfähigkeit waren Betriebe, die durch Naturkatastrophen oder andere objektive Gründe bzw. durch Verschulden des Staates wegen nicht ausgezahlten Be-

---

107 Rekomendacii ..., a.a.O., S. 22 f.

108 Ebenda, S. 23.

trägen für gelieferte landwirtschaftliche Produktion, für soziale Entwicklung oder wegen ausgebliebener Kompensationszahlungen für die Verteuerung der Produktionsmittel zahlungsunfähig geworden waren.

Für die Auflösung und Reorganisation eines zahlungsunfähigen Kolchoses oder Sowchoses wird eine Kommission aus Vertretern der lokalen staatlichen Behörden, des Betriebes und der wichtigsten Gläubiger gebildet. Betriebe, die Anfang 1992 für zahlungsunfähig erklärt wurden, mußten im Laufe des ersten Quartals 1992 aufgelöst werden. Soziale Einrichtungen und technische Objekte der Infrastruktur des Betriebes wurden mit anteilmäßigen Schulden den lokalen Sowjets übergeben. Das Betriebsvermögen mit Übernahme der Schulden wurde im Konkursverfahren liquidiert, wobei finanzkräftige landwirtschaftliche Betriebe beim Erwerb bevorzugt wurden. Die Bedingung für Erwerber war, daß das Betriebsvermögen landwirtschaftlicher Produktion oder Dienstleistungen für die Landwirtschaft dienen mußte.[109]

Bei einer Liquidierung ihres Betriebes sind die Mitglieder der Kolchose bzw. Mitarbeiter der Sowchose mehr oder weniger leer ausgegangen. Sie erhielten zwar ihre Anteile am Boden, die in den meisten Fällen keinen hohen Wert hatten, aber keinen Anspruch auf das Betriebsvermögen, das die Gläubiger beanspruchten. Nur falls nach abgeschlossenem Konkursverfahren mit Tilgung aller Schulden ein Restwert verblieb, so wurde dieser unter den ehemaligen Beschäftigten anteilsmäßig aufgeteilt.[110]

5.5 Probleme der privaten Bauernbetriebe

Über die Etablierung der privaten Bauernbetriebe in der RSFSR und ihre Entwicklung wurde bereits berichtet. Indessen kann man davon ausgehen, daß, obwohl die Privatbauern auch im Jahre 1994 keine bedeutende Rolle in der Landwirtschaft der Rußländischen Föderation spielten, ihr Gewicht

---

109 Rekomendacii ..., a.a.O., S. 23 f.

110 Zemel'naja reforma menjaet kurs. In: Krest'janskaja gazeta, 3/1992, S. 2.

in der landwirtschaftlichen Produktion immer mehr zunehmen wird. Voraussetzung dafür ist, daß die noch heute bestehenden administrativen, sozialen und wirtschaftlichen Schwierigkeiten bei der Gründung und Führung eines eigenständigen Bauernhofes überwunden werden. Die heutigen Probleme der bäuerlichen Betriebe stehen in engem Zusammenhang mit der schwierigen Übergangsphase der Wirtschaft zu marktwirtschaftlichen Strukturen.

5.5.1 Das menschliche Potential

Die privaten Bauernbetriebe werden in der Regel von einer Familie bewirtschaftet. Für die Gründung und Führung eines eigenständigen Bauernhofes kommen nur Familien in Frage, die über fachkundige und arbeitsfähige Mitglieder verfügen. Neben den Kenntnissen in der Landwirtschaft kommt der Altersstruktur eine große Bedeutung zu. Diese ist in der Landbevölkerung ungünstig: Im arbeitsfähigen Alter waren 1993 nur 50,7 % der Landbevölkerung, während dieser Anteil unter der städtischen Bevölkerung 58,6 % betrug. Dabei waren 31,8 % der Landbewohner über 50 Jahre alt, bei den Städtern dagegen nur 27,3 %.[111]

Diese Überalterung der ländlichen Bevölkerung wirkt sich negativ auf potentielle Privatbauern aus, denn zum Risiko einer Neugründung sind überwiegend junge Leute und solche mittleren Alters bereit. Doch unter den jungen Leuten ist der Anteil derjenigen, die in der Lage sind, einen Bauernhof zu gründen und zu bewirtschaften, relativ klein. Das hängt damit zusammen, daß ein Teil von ihnen noch in der Ausbildung steht bzw. kleine Kinder hat und meist weder über die notwendigen Fachkenntnisse noch Ersparnisse verfügt. Die ältere Generation, d.h. Personen im Alter von 50 Jahren und mehr, ist größtenteils nicht bereit, ihren Lebensstil zu ändern. Die meisten Kolchosbauern und Arbeiter in den Sowchosen erzielen rund die Hälfte ihrer Einnahmen aus garantierter Entlohnung für ihre Arbeit im Großbetrieb und die andere Hälfte aus ihren Nebenerwerbswirtschaften. Sie kommen damit über die Runden und möchten kein Risiko bei der Gründung einer Bauernwirtschaft eingehen.[112] Das bedeu-

---

111 Rossijskaja Federacija ..., a.a.O., S. 100 f.

112 "Fermerskie gnezda" vzamen kolchoznych ljumpenov. In: Krest'janskaja gazeta, 1/1992, S. 2.

tet, daß man nur von einem kleinen Teil der Landbevölkerung die Bereitschaft, selbständig zu wirtschaften, erwarten könnte, aber auch nur dann, wenn nicht zahlreiche Hindernisse auf dem Weg zur Selbständigkeit stünden.

In manchen Fällen sind auch andere sozialökonomische Überlegungen ein Grund für die Zurückhaltung, einen selbständigen Bauernhof aufzubauen, weil das oft mit einem Umzug von einer Siedlung bzw. von einem Kolchos- oder Sowchoszentrum aufs flache Land verbunden wäre. Das hängt vor allem mit der unterentwickelten Infrastruktur auf dem Lande zusammen. In abgelegenen Landesteilen fehlt es an ausgebauten Straßen, Verkehrsverbindungen, Strom, Telefon und Einkaufsmöglichkeiten. Hinzu kommen Schwierigkeiten bei der medizinischen Betreuung, lange Wege zu Behörden, Schulen, Dienstleistungsbetrieben und kulturellen Einrichtungen. Dabei stellen Kolchose und Sowchose den Neusiedlern mit Vorliebe weit abgelegene Grundstücke zur Verfügung, die von einer Siedlung aus kaum bewirtschaftet werden können.

Ein großer Teil der Landbevölkerung steht dem Reformprozeß skeptisch gegenüber. An einen Erfolg der Agrarreform glaubten 1990 15 % der Befragten, 1994 nur noch 12 %. Die meisten Bauern lehnen auch einen freien Bodenverkauf ab: 1992 befürworteten 28 % den Bodenverkauf, 1994 nur noch 18 %. Strikt dagegen waren 1992 48,8 % und 1994 52,3 %. Als Begründung für diese Einstellung wurde die Angst vor Bodenspekulation angegeben und davor, daß sie ohne Boden bleiben könnten. Sehr deutlich hat auch das Interesse für Neugründungen nachgelassen. Am Anfang der Agrarreform zeigten sich 10-12 % der Bauern am selbständigen Wirtschaften interessiert, im Jahre 1992 lag dieser Anteil bei 5,8 % und 1993 nur noch bei 1,4 % der Befragten. Als Gründe für die negative Einstellung wurden vor allem die Preispolitik des Staates, Schwierigkeiten bei der Vermarktung und beim Zugang zu Krediten angegeben. Ein Anteil von 17 % der Befragten gab als Gründe fortgeschrittenes Alter und fehlende ökonomische und juristische Kenntnisse an. Schließlich haben 15 % ausgesagt, sie würden lieber im Kollektiv arbeiten.[113]

---

113 A. Nikonov, Social'no-ėkonomičeskij monitoring agrarnoj reformy v Rossii. In: APK: Ėkonomika, upravlenie, 5/1994, S. 4 f.

5.5.2 Schwierigkeiten bei Neugründungen von bäuerlichen Betrieben

Gemäß geltender Gesetzgebung der Rußländischen Föderation hat jeder Bürger im Alter von 18 Jahren und mehr Anspruch auf kostenlose Bodenzuteilung zwecks Gründung eines bäuerlichen Betriebes. Voraussetzung dafür sind Kenntnisse in der landwirtschaftlichen Produktion. Deswegen wird bei der Bodenzuteilung denjenigen Bürgern Vorrang eingeräumt, die Erfahrung in der Landwirtschaft mitbringen. Alle anderen Bürger, unabhängig davon, ob sie auf dem Land oder in der Stadt leben, müssen eine landwirtschaftliche Ausbildung in speziellen Schulen oder Kursen absolvieren und eine Urkunde über erfolgreichen Abschluß vorweisen. Im Falle von mehreren Interessenten auf Zuteilung eines bestimmten Grundstükkes wird ein Wettbewerb durchgeführt.

Einen bäuerlichen Betrieb können Mitglieder einer Familie, Verwandte und andere Bürger, die einen gemeinsamen Betrieb führen möchten, gründen. Als Mitglieder eines Betriebes gelten nur arbeitsfähige Personen, unabhängig davon, ob sie das Rentenalter erreicht haben oder nicht. Als nicht arbeitsfähige Personen gelten Kinder bzw. Jugendliche bis zum 16. Lebensjahr, Invaliden und alte Menschen.

Der Boden zur Führung eines Bauernbetriebes kann mit Eigentums- und Vererbungsrechten zur Verfügung gestellt oder verpachtet werden. Kostenlose Übergabe des Grundstücks erfolgt nur bis zu einer Flächengröße, die von der lokalen Verwaltung festgelegt wird. Zusätzlicher Boden kann gekauft werden, aber auch nur bis zu einer Norm, die vom Bezirk, von der Region oder der Republik festgelegt wurde.[114]

Ein größeres Problem als der Erwerb von Boden ist der von Produktionsmitteln. Wenn schon Kolchose und Sowchose zum Teil nicht ausreichend mit Gebäuden, Einrichtungen, Landtechnik und anderen Betriebsmitteln ausgestattet werden, so hat sich die Lage bei ihrer Aufteilung in kleinere Betriebseinheiten noch verschärft. Der ehemalige Vizepräsident Ruzkoi hat vorgerechnet, daß die sozialistische Landwirtschaft pro Ackerflächeneinheit im Vergleich zu den USA und der Europäischen Union 2,5-8mal weniger Traktoren, 2,5-3,5mal weniger Mähdrescher hatte und

---

[114] V. A. Udalov, Nastol'naja kniga rossijskogo fermera. Moskva 1993, S. 3 ff.

2,4-3,5mal weniger Mineraldünger verbrauchte.[115] Manche Agrarexperten bezeichnen die bäuerlichen Betriebe in bezug auf die Ausstattung mit Boden als "Riesen" und bezüglich der Versorgung mit Betriebsmitteln als "Zwerge". Dabei haben diejenigen am besten abgeschnitten, die in der chaotischen Phase der anfänglichen Privatisierung, d.h. in den Jahren 1991 und 1992, noch billige Landtechnik erwerben konnten.[116]

Experten haben ermittelt, daß zur Ausstattung einer durchschnittlichen Farm mit Betriebsmitteln rund 50 Mio. Rubel in Preisen von 1992 benötigt werden. Auch einen Bruchteil dieser Größenordnung aufzubringen, sind die wenigsten Gründer in der Lage. Ausreichende Kredite zu erhalten ist nicht möglich, weil das Kreditsystem noch unterentwickelt ist. Hinzu kommt, daß außer finanziellen Problemen auch noch Probleme bei der Versorgung mit Betriebsmitteln bestehen. Baumaterial, Technik, Einrichtungen, Saatgut, Zuchtvieh und vieles andere sind Mangelware. Entsprechend unzureichend ist die Ausstattung der etablierten Privatbetriebe: Auf 100 Farmen kommen nur 55 Traktoren, 23 Lkw, 24 Pflüge, 21 Drillmaschinen, 12 Grasmäher, 11 Mähdrescher.[117]

Nach Meinung von Farmern sind außer Fachkenntnissen, Startkapital und Fleiß verschiedene wirtschaftliche Beziehungen erforderlich, um zu überleben. Dabei könnte eigene Produktion, wie z.B. Fleisch, als Tauschobjekt und zur Bestechung dienen, weil angesichts der hohen Inflationsrate allein mit Geld wenig zu erreichen ist. Es wird den "Möchtegern-Farmern" geraten, in Kolchosen und Sowchosen zu bleiben, wenn sie wenig Ahnung von Agronomie, Tierzucht und Wirtschaft haben.[118]

---

115 A. Ruzkoi, Agrarnaja ..., a.a.O., S. 71.

116 A. Puzanovskij, A. Ivancov, Demografičeskij faktor razvitija fermerstva. In: APK: Ėkonomika, upravlenie, 2/1994, S. 64.

117 V. Dobrynin, O koncepcii razvitija sel'skogo chozjajstva Rossii. In: APK: Ėkonomika, upravlenie, 5/1993, S. 31.

118 Kak stat' fermerom. In: Argumenty i fakty, 2-3/1994, S. 4.

5.5.3 Betriebsgrößenproblematik

Wie bereits erwähnt, bestehen lokal festgelegte Flächengrößen, die kostenlos für Neugründungen von Bauernbetrieben zugeteilt werden. Sie sind sehr unterschiedlich, dabei in den dichtbesiedelten Gebieten, vor allem in Großstadtnähe mit intensiver Bodenbewirtschaftung, klein und in dünnbesiedelten Gebieten mit ausgedehnten Weideflächen vielfach größer. Hinzu kommt, daß über die festgelegten lokalen Flächennormen hinaus manche Farmer zusätzlich Boden kauften.

Nach Beendigung der Reorganisation der Kolchose und Sowchose und der damit verbundenen großen Welle von Neugründungen privater Bauernbetriebe betrug die durchschnittliche Betriebsfläche 42 ha und blieb auch später in etwa dieser Größenordnung. Zum 1. Februar 1993 bestanden die kleinsten landwirtschaftlichen Privatbetriebe in folgenden Regionen (Durchschnitt in ha):

Republik Dagestan 3
Tschuwaschische Republik 8
Bezirk Moskau 10
Karatschaiisch-Tscherkessische Republik 10
Bezirk Leningrad 12
Republik Nordossetien 13
Bezirk Sachalin 13
Adygeische Republik 14
Republik Karelien 15
Bezirk Archangelsk 15
Region Primorski 16
Region Krasnodar 16
Republik Mari El 16
Tschetscheno-Inguschien 16
Autonomer Distrikt Tschukotski 16

Wie aus den Daten hervorgeht, weisen vor allem Gebiete im Nordkaukasus und um die Städte Moskau und St. Petersburg die kleinsten privaten Bauernwirtschaften auf. Darüber hinaus sind jedoch auch in nördlichen und fernöstlichen Regionen kleine Betriebe anzutreffen.

Die größten Betriebe von Privatbauern hatten sich in folgenden Regionen etabliert (Durchschnitt in ha):

Republik Kalmückien	434
Bezirk Tschita	146
Bezirk Astrachan	134
Republik Tuwa	115
Bezirk Amur	99
Region Altai	89
Bezirk Wolgograd	86
Republik Altai	82
Bezirk Orenburg	82
Republik Burjatien	79

Wie die Angaben[119] zeigen, bestehen die größten bäuerlichen Betriebe in den Regionen Sibiriens und des südöstlichen europäischen Landesteils. Optimale Betriebsgrößen hängen von vielen Faktoren wie Spezialisierung, Standort, bioklimatischen Verhältnissen, technische Ausstattung, Zahl der Arbeitskräfte u.a. ab, wobei auch die Meinungen von Experten auseinandergehen. Mitarbeiter der Agraruniversität Woronesch haben Empfehlungen über optimale Betriebsgrößen für die Zentrale Schwarzerderegion ausgearbeitet (siehe Tab. 14). Sie sind dabei davon ausgegangen, daß der Betrieb über zwei arbeitsfähige männliche Familienmitglieder und eine weibliche Arbeitskraft verfügt, wobei die männlichen Arbeitskräfte 40 Stunden in der Woche bzw. 2 030 Stunden im Jahr und die weibliche Arbeitskraft 38 Stunden in der Woche bzw. 1 834 Stunden im Jahr ableisten sollen.[120]

Diese Betriebsgrößen sowohl in bezug auf die Ackerfläche als auch auf den Tierbestand erscheinen sehr bescheiden, selbst unter den russischen Verhältnissen. Allerdings ist auch die zugrundegelegte Arbeitszeit pro Arbeitskraft niedrig. Die von den Agrarexperten aus Woronesch ermittelten optimalen Betriebsgrößen können als solche gelten, wenn die Ausstattung der Betriebe mit Technik und anderen Betriebsmitteln quantitativ und qualitativ unzureichend ist.

---

119 Krest'janskie vedomosti, 8/1993, S. 6.

120 K. Ternovych, A. Agibalov, Optimizacija parametrov krest'janskich (fermerskich) chozjajstv. In: Vestnik statistiki, 8/1992, S. 46 f.

Agrarwissenschaftler aus der Ukraine halten wesentlich größere Betriebsflächen für optimal, wenn sie auch nicht angeben, von welcher Zahl Arbeitskräfte sie dabei ausgehen. Beim Anbau von Getreide werden Betriebsflächen für die Steppenzone von 300-400 ha, für die Mischwaldzone von 250-350 ha empfohlen. Zu beachten ist dabei, daß entsprechende Ackerflächen kleiner wären. Die ukrainische Mischwaldzone entspricht annähernd den bioklimatischen Verhältnissen der Zentralen Schwarzerderegion Rußlands, wenn auch in den meisten Regionen der ukrainischen Mischwaldzone die klimatischen Verhältnisse etwas günstiger sind. Für den Anbau von Kartoffeln werden in der ukrainischen Mischwaldzone Betriebsflächen von 100-150 ha, für die Milchproduktion 200-300 ha, für die Produktion von Rindfleisch 300-400 ha und von Schweinefleisch 200-400 ha empfohlen.[121]

Tabelle 14: Optimale Parameter für bäuerliche Betriebe in der Zentralen Schwarzerderegion

Produktionsrichtung	Ackerfläche, ha	Viehbestand, Stück	Produktionsfonds, 1 000 Rubel
Produktion von Getreide und Sonnenblumenkernen	189	-	341
Produktion von Zuckerrüben	27-	52	
Produktion von Kartoffeln	11-	26	
Produktion von Milch[1]	30	28	163
Zucht und Mast von Rindern im Alter von:			
20 Tagen - 12 Monaten	36	70	116
20 Tagen - 15 Monaten	36	48	97
20 Tagen - 17 Monaten	35	38	86
Schweinemast	48	200	173
Schafhaltung[2]	52	153	130

1 Mit Kauf von Kälbern im Alter von 20 Tagen und Kauf von Erstlingskühen.

2 Mit einem Anteil von 60 % von Mutterschafen.

Quelle: Vestnik statistiki. 8/1992, S. 47.

121 P. Sabluk, V. Mesel'-Veseljak (Hrsg.), Rozvitok form hospodarjuvannja na seli. Kyiv 1993, S. 217.

Die Betriebsgröße ist ein entscheidender Faktor für die Rentabilität, wobei die jetzigen durchschnittlichen Betriebsflächen der bäuerlichen Betriebe Rußlands von 42 ha größtenteils unter den optimalen liegen dürften. Dabei kann allerdings ein Betrieb mit 10 ha und weniger, z.B. in der Nähe von Moskau, spezialisiert auf Anbau von Gemüse und Blumen, darunter auch in Treibhäusern, durchaus optimal sein, und einige hundert Hektar Weideland können unter dem Optimum liegen.

Wie auch immer, empfohlene Betriebsgrößen können unter den gegebenen Umständen nur als theoretische Möglichkeiten für die weitere Zukunft betrachtet werden, weil zur Zeit vor allem technische und finanzielle Voraussetzungen für ihre Verwirklichung fehlen.

5.6 Privatisierung der staatlichen Industrie- und Dienstleistungsbetriebe des agroindustriellen Komplexes

Die gesetzlichen Grundlagen für die Privatisierung der staatlichen Betriebe zur Verarbeitung von landwirtschaftlichen Erzeugnissen und für Dienstleistungsbetriebe des agroindustriellen Komplexes wurden noch durch die Unionsgesetzgebung gelegt. Im Resultat sind im Laufe von drei Jahren, d.h. von Mitte 1989 bis Mitte 1992, neue Betriebsformen in der RSFSR entstanden. Einige wenige Betriebe hatten ihren Status geändert und den Übergang vom staatlichen Eigentum in kollektives, kollektiv-anteiliges (kollektivno-dolevoj) und genossenschaftliches Eigentum vollzogen. Diese rechtliche Möglichkeit konnte durch anfängliche Pacht der Betriebe mit anschließendem schrittweisen Ankauf durch die Betriebsangehörigen genutzt werden. Diese Betriebsumwandlungsform fand keine bedeutende Verbreitung, weil oft das Interesse, finanzielle Mittel und andere Voraussetzungen fehlten.

Diese Art der Privatisierung wurde alsbald durch neue Gesetze des Parlaments und Verordnungen der Regierung der Rußländischen Föderation in der zweiten Hälfte des Jahres 1991 gestoppt. Das frühere Recht der Arbeitskollektive auf Pacht und Ankauf ihrer Betriebe und eigenständige Bestimmung der rechtlichen und organisatorischen Form des Betriebes wurde annuliert. Die Entscheidung über die Privatisierungsformen und

Reorganisationsfristen wurde den Komitees für die Verwaltung des Staatseigentums übertragen.[122]

Gemäß dem staatlichen Programm zur Privatisierung der Betriebe der Nahrungsmittelindustrie und der Verarbeitungsindustrie von Agrarrohstoffen sollten im Jahre 1992 von insgesamt 3 972 Betrieben dieses Bereichs 2 079, d.h. ein Anteil von 52,3 %, privatisiert werden. Indessen wurde 1992 nur ein Bruchteil dieses Programms erfüllt. Daraufhin hat Jelzin in seiner Eigenschaft als Staatspräsident am 29. Dezember 1992 ein Dekret "Über die Beschleunigung der Privatisierung von Betrieben des Staates und der Kommunen" erlassen. Damit sollte die Privatisierung in schnellerem Tempo als bis dahin vorangetrieben werden. Doch auch danach kam sie nur schleppend voran, so daß die Zahl der privatisierten Betriebe zum 1. September 1993 erst 1 805 betrug.[123]

Der Anteil der privatisierten Betriebe schwankte in den einzelnen Branchen zwischen rund 20 % und 74 % (siehe Tab. 15).

Der größte Teil der Betriebe der Nahrungsmittelindustrie und der Verarbeitung von Agrarrohstoffen war spezialisiert auf ein Produkt oder einige wenige Produktarten. Betriebe, die die primäre Verarbeitung von Agrarrohstoffen bis zu Fertigprodukten vornehmen und mehrere Produkte herstellen, werden im Bereich der Nahrungsmittelindustrie als Nahrungsmittelkombinate bezeichnet.

Gemäß einer Direktive des Staatspräsidenten muß bei der Privatisierung der Betriebe zur Herstellung von Spiritus und Spirituosen auf die Dauer von drei Jahren ein Aktienkontrollpaket in den Händen des Staates verbleiben. Beim Erwerb von Eigentumsrechten der für die Privatisierung vorgesehenen Betriebe werden ihren Mitarbeitern Privilegien eingeräumt. Dabei haben die Betriebskollektive die Wahl zwischen Kauf ihres gepachteten Betriebes, direktem Kauf oder Versteigerung des Betriebes.

---

122 Koncepcija razvitija mnogoukladnoj ėkonomiki agrarnogo sektora Rossii. In: APK: Ėkonomika, upravlenie, 11-12/1993, S. 54 f.

123 Ju.Ja.Luzan, V.N. Nelep, O privatizacii predprijatij pererabatyvajuščej promyšlennosti. In: Ėkonomika sel'skochozjajstvennych i pererabatyvajuščich predprijatij 8/1992, S. 8 f.; M. Abdulbasirov, Privatizacija predprijatij piščevoj i pererabatyvajuščej promyšlennosti. In: APK: Ėkonomika, upravlenie, 3/1994, S. 4.

Tabelle 15: Stand der Privatisierung in den Branchen der Verarbeitung von Agrarrohstoffen

	Gesamtzahl der Betriebe	Anzahl der privatisierten Betriebe, 1.9.93	Anteil der privatisierten Betriebe, %
Molkereien	1 556	674	43,3
Fleischverarbeitung	573	298	52,0
Zuckerfabriken	96	71	73,9
Spiritusfabriken	140	73	52,1
Spirituosenfabriken	105	64	60,9
Weinfabriken	196	39	19,9
Süßwarenfabriken	127	62	48,8
Fabriken f. Nahrungsmittelkonzentrate u. Tee	23	8	34,7
Bierbrauereien und Fabriken für nichtalkoholische Getränke	380	141	37,1
Hefefabriken	16	5	31,2
Tabakfabriken	25	15	60,0
Speiseöl- und Speisefettfabriken	57	27	24,7
Stärkefabriken	76	23	30,2
Nahrungsmittelkombinate	372	251	64,0

Quelle: M. Abdulbasirov, Privatizacija ..., a.a.O., S. 5.

Um der Monopolisierung der Betriebe entgegenzuwirken, war die Möglichkeit vorgesehen, den Erzeugern der Agrarrohstoffe, d.h. landwirtschaftlichen Lieferanten, bei der Privatisierung ein Aktienkontrollpaket zu gewähren. Die landwirtschaftlichen Produzenten machten jedoch von ihrem Recht wenig Gebrauch, so daß bei einem großen Teil der privatisierten Betriebe deren Mitarbeiter sich die Mehrheit der Aktien sichern konnten. Dadurch sind in vielen Fällen lokale Monopole im Bereich der Verarbeitung von Agrarrohstoffen und im Dienstleistungsbereich für die Landwirtschaft entstanden. Ihre Postition wird dadurch gestärkt, daß oft große Entfernungen und schlechte Verkehrsbedingungen zu anderen Betrieben gleichen Profils bestehen. Das hat dazu geführt, daß viele landwirtschaftliche Betriebe die Verarbeitung ihrer Erzeugnisse in eigene Hände genommen haben. Infolgedessen werden Kapazitäten der Verarbeitungsindustrie nicht ausgelastet, wodurch die Kosten für die Verarbeitung steigen.[124]

Eine überregionale Monopolstellung hat ein großer Teil der Industriebetriebe, die für den agroindustriellen Komplex Betriebsmittel herstellen. Das bezieht sich vor allem auf den Landmaschinenbau sowie die Produktion von Mineraldünger und Pflanzenschutzmitteln. In diesen Bereichen bestehen überwiegend große Betriebe, die mit ihrer Produktion nicht nur einen Landesteil, ganz Rußland, sondern auch andere Unionsrepubliken belieferten. Darüber hinaus wurde ihre Produktion, und wird zu einem kleinen Teil auch noch, in andere Länder, vor allem in ehemalige sozialistische und die der Dritten Welt, exportiert. Nach dem Zerfall der Sowjetunion ist die Produktion der meisten dieser Betriebe stark zurückgefallen, ihre Wirtschaftslage ist mitunter katastrophal, so daß unter diesen Umständen die Voraussetzungen für eine Privatisierung zur Zeit ungünstig sind. Das bezieht sich auch auf die gesamte Maschinenbau- und die chemische Industrie, zu denen auch die Zweige des Landmaschinenbaus sowie der Mineraldünger- und Pflanzenschutzmittelproduktion gehören.

Gemäß dem staatlichen Privatisierungsprogramm war vorgesehen, von den 13 505 Betrieben des Maschinenbaus und der Metallverarbeitung 1 120, d.h. einen Anteil von 8,3 %, zu privatisieren. Im Jahre 1992 wurden erst 381 privatisiert. Wie viele darunter für die Landwirtschaft produzieren, ist nicht bekannt. In der Chemieindustrie bestehen 1 479 Betriebe, wovon zunächst lediglich 63, was einem Anteil von 4,3 % entspricht, in der nächsten Zeit privatisiert werden sollen. Im Laufe des Jahres 1992 wurden erst 10 Chemiefabriken privatisiert.[125]

Angesichts der desolaten Wirtschaftslage und der kurzen Zeit kann über die Ergebnisse der Privatisierung kein Urteil gefällt werden. Für Erfolge oder Mißerfolge in den einzelnen Betrieben spielen viele Faktoren eine Rolle. Die Privatisierung der Industriebetriebe schreitet auch weiterhin schleppend voran, ihre Resultate werden erst in den nächsten Jahren sichtbar und werden von der allgemeinen Wirtschaftsentwicklung abhängen.

---

124 V. Denisov u.a., Agrarnaja reforma: problemy i perspektivy. In: APK: Ėkonomika, upravlenie, 3/1994, S. 11.

125 Rossijskaja Federacija ..., a.a.O., S. 69, 366.

6 PERSPEKTIVEN DER AGRARWIRTSCHAFT

6.1 Programme für die Entwicklung des agroindustriellen Komplexes

Der sich noch vollziehende Übergang der sozialistischen Agrarwirtschaft zu einem marktwirtschaftlich orientierten Agrarsystem sowie die gesunkene landwirtschaftliche Produktion haben die Regierung und die Agrarwissenschaft auf den Plan gerufen, wissenschaftlich begründete Konzeptionen zu entwickeln, um der Land- und Ernährungswirtschaft Orientierungshilfen zu geben und Perspektiven aufzuzeigen.

Bereits 1992 wurden Programmprojekte für die Durchführung der Agrarreform in der Rußländischen Föderation ausgearbeitet. Dabei wurden einige Varianten vorbereitet und die letzte von ihnen der Regierung vorgelegt, doch von ihr nicht beachtet. Vermutet wird, daß dieses Programm möglicherweise aus politischen Gründen keinen Eingang fand, weil es von einer Arbeitsgruppe aus Vertretern der Wissenschaft, der Ministerien und Ressorts erarbeitet wurde, deren Zusammensetzung von dem damaligen Vizepräsidenten Ruzkoi bestimmt wurde.[126] Andererseits war das Programm von Konservativismus geprägt und paßte nicht in den Rahmen der auf schnelle Reformen ausgerichteten Agrarpolitik. Das Programm trug zum Teil eindeutig die Handschrift Ruzkois, der gegen eine schnelle Reorganistion der Kolchose und Sowchose eingestellt war und eine voreilige Auflösung der etablierten Agrarstrukturen ablehnte. Dabei wurde auch eine Förderung der Gründungen von privaten bäuerlichen Betrieben nicht befürwortet, solange die dafür erforderlichen wirtschaftlichen Voraussetzungen nicht gegeben waren.[127] Dieses Programm konnte schließlich von der Regierung allein deswegen nicht akzeptiert werden, weil zum Zeitpunkt seiner Vorstellung die Reorganisation der Kolchose und Sowchose, aufgrund von Dekreten des Präsidenten und Beschlüssen der Regierung, bereits in vollem Gange war.

Gemäß den Angaben des Präsidenten der Rußländischen Akademie für Landwirtschaft, Romanenko, wurden Programme zur Entwicklung der

---

126 Obščaja ..., a.a.O., 7/1994, S. 19.

127 A.V. Ruckoj, Agrarnaja ..., a.a.O., S. 134-152.

Landwirtschaft im Apparat des Präsidenten, im Ministerrat der Rußländischen Föderation und im Ministerium für Landwirtschaft ausgearbeitet, an denen Wissenschaftler der Akademie und er selbst beteiligt waren. Er kritisiert, daß die Entwicklung der Landwirtschaft sich nach keinem Programm richtet. Er fordert, daß Programme langfristigen Charakter haben müßten und die zum Teil nur auf die Jahre 1994-1995 bezogenen gar nicht als Programme bezeichnet werden dürften.[128] Nach Angaben des für die Landwirtschaft zuständigen Stellvertreters des Ministerpräsidenten Saverjucha wurden in der Rußländischen Föderation bereits 24 verschiedene Programme allein für die Landwirtschaft ausgearbeitet. Aufträge dafür seien von der Regierung, dem Ministerium für Landwirtschaft und Ernährung sowie dem Rat für Agrarpolitik erteilt worden.

Auf der Grundlage eines kurzfristigen Programms zur Entwicklung des agroindustriellen Komplexes wurde ein Programm bis zum Jahre 2000 ausgearbeitet. Im Prinzip von der Regierung gutgeheißen, muß es jedoch korrigiert werden, weil die Ministerien für Finanzen und Wirtschaft, die für die Finanzierung und Abstimmung mit anderen Wirtschaftszweigen verantwortlich sind, verschiedene Änderungen verlangen.[129] Gemäß dem inzwischen abgelösten Minister für Landwirtschaft und Ernährung, Chlystun, wird das Programm für die Entwicklung des agroindustriellen Komplexes bis zum Jahr 2000 ein Kompromiß sein zwischen der Regierungsvorlage und den Vorstellungen des Parlaments, weil damit gerechnet werden muß, daß das Parlament Änderungen und Ergänzungen einbringen wird. Unumstritten im Programm dürfte jedoch sein, daß die Landwirtschaft einer staatlichen Unterstützung bedarf, und zwar vor allem in Form von vergünstigten Krediten, Förderung der Saatzucht, Tierzucht, neuer Technologien usw. Das Programm kann jedoch keine konkreten Zahlen für seine Finanzierung festschreiben, weil wegen der hohen Inflation und anderen Faktoren die wirtschaftliche und finanzielle Situation sich ständig ändert. Selbst Experten sind nicht in der Lage, konkrete Angaben über den künftigen Umfang der Produktion, der Lieferungen sowie der materiellen und finanziellen Ressourcen zu machen.[130]

---

128 Obščaja ..., a.a.O., 8/1994, S. 7.

129 Ebenda.

130 Ebenda, S. 27 f.

Bei der Verabschiedung des Programms für die Entwicklung des agroindustriellen Komplexes bis zum Jahr 2000 muß mit einem starken Widerstand der konservativen Kräfte im Parlament gerechnet werden. Unter der Landbevölkerung hat die sozialistisch orientierte Agrarpartei Rußlands einen starken Anhang. Bei den Wahlen ins Parlament hat sie fast 10 % aller Wählerstimmen erhalten. Auf dem Gebiet der Landwirtschaft befürwortet das Parteiprogramm den Erhalt der sozialistischen Agrarbetriebe und steht marktwirtschaftlichen Prinzipien zumindest teilweise ablehnend gegenüber. Von grundsätzlicher Bedeutung ist die Ablehnung eines freien Bodenverkaufs, "damit er nicht in die Hände von Spekulanten und Latifundisten" gerate. Außerdem soll der Bodenbesitz der Privatbauern bestimmte Größen nicht überschreiten. Ausländer dürften keinen Boden erwerben. In anderen Zweigen des agroindustriellen Komplexes wird die "Befreiung der Agrarerzeuger vom Diktat der Verarbeiter, Vermittler und Produzenten von landwirtschaftlicher Technik und Mineraldünger" verlangt. Zu weiteren Forderungen im Parteiprogramm gehört die Etablierung von agroindustriellen Vereinigungen mit vollen Zyklen der Produktion, Verarbeitung und Vermarktung der landwirtschaftlichen Erzeugnisse, wobei die Kontrolle über die Preise der Agrarrohstoffe, der Dienstleistungen und über Kapitalbewegungen in die Hände der landwirtschaftlichen Erzeuger gelegt werden soll.[131]

Ein großer Teil der Agrarwissenschaftler befürwortet zwar grundsätzlich die Agrarreformen, ist aber gegen eine "Schocktherapie" und gegen eine rasche und weitgehende Privatisierung der Landwirtschaft. Sie sind auch überfordert, konkrete Programme zur Entwicklung des agroindustriellen Komplexes vorzulegen, weil jede mögliche Entwicklung stark von der gesamten wirtschaftlichen Situation und von den finanziellen Möglichkeiten des Staates abhängt, wobei sich die wirtschaftliche Lage in kurzen Zeitabständen ändert.

Unter diesen Umständen kann die Wissenschaft eher eine Konzeption als ein Programm anbieten. Deswegen wird angesichts des noch immer fortdauernden Rückgangs der landwirtschaftlichen Produktion und der sich verschlechternden wirtschaftlichen Situation der Agrarbetriebe zunächst die Stabilisierung der Zweige des agroindustriellen Komplexes als Hauptaufgabe für die Agrarpolitik angesehen. Zu den wichtigsten Punkten der

---

131 V. Marjasov, S pozicij zdravogo smysla. In: Zemlja i ljudi, 42/1994, S. 2.

Programme bzw. der Konzeption, die von der Rußländischen Akademie für Landwirtschaft erarbeitet wurden und im Gegensatz zu den früheren Zeiten der Planwirtschaft keine konkreten Produktionsvorgaben enhalten, gehören mehr agrarpolitisch gehaltene Formulierungen. Die Wissenschaftler fordern vor allem eine neue, ökonomisch begründete Agrarpolitik, die eine Reihe von Maßnahmen erfassen soll, zu deren wichtigsten gehören:

1) wissenschaftlich begründeter Übergang zu marktwirtschaftlich orientierten Wirtschaftsbeziehungen,
2) Einführung von paritätischen Preisverhältnissen zwischen der Landwirtschaft und anderen Wirtschaftszweigen,
3) Vervollkommnung des Wirtschaftsmechanismus unter Berücksichtigung der Entwicklung und Gleichbehandlung der strukturellen Vielfalt (mnogoukladnost') des Agrarsektors,
4) Beseitigung des Monopolismus in der Produktion von Betriebsmitteln und Lösung der Fragen bei der Entwicklung der materiell-technischen Basis,
5) Durchführung der Bodenreform und Lösung des Problems der rationellen Bodennutzung,
6) Vertiefung der Kooperation und Spezialisierung in der Produktion,
7) Aneignung von neuen Formen des Wirtschaftens und der Wirtschaftsverwaltung,
8) Förderung der Entwicklung des wissenschaftlich-technischen Fortschritts,
9) soziale Entwicklung des Dorfes,
10) grundlegende Verbesserung der Außenhandelsbeziehungen ohne Schaden für die einheimische Pflanzen- und Tierproduktion.[132]

Konzeptionen oder Programme, gute und weniger sinnvolle, können nur dann einen mehr oder weniger großen Nutzen bringen, wenn sie auch verwirklicht werden. Das größte Problem bereitet zur Zeit ihre Finanzierung bei leeren Staatskassen. Hinzu kommt, daß Dekrete des Präsidenten und Verordnungen der Regierung in vielen Fällen nicht ausgeführt werden. In der heutigen anarchischen politischen und wirtschaftlichen Situation ist das möglich und wird regional sehr unterschiedlich praktiziert. Das

---

132 G. Romanenko, Osnovnye napravlenija stabilizacii ėkonomiki agrarnogo sektora. In: Ėkonomist, 9/1994, S. 7.

ist darauf zurückzuführen, daß unter den jetzigen Umständen die lokalen Verwaltungsorgane mehr praktische Macht besitzen als die weit entfernten zentralen Staatsbehörden in Moskau. Die Reformen in den Regionen werden oft nicht aus ökonomischen Überlegungen befolgt oder behindert, sondern nach politischer Einstellung der Funktionsträger.

6.2 Kurzfristige Aussichten für die Entwicklung der Agrarstrukturen

Offiziell werden als privatisierte landwirtschaftliche Betriebe alle privaten Farmen sowie ehemaligen Kolchose und Sowchose bzw. ihre Teile ausgewiesen, die sich real oder rein formal in verschiedene Arten von Gesellschaften und Genossenschaften umgewandelt haben. Wie schon erwähnt, ist die Gründungswelle der privaten bäuerlichen Betriebe stark abgeflacht, und mehr als 30 000 Farmer haben ihre Tätigkeit aufgegeben, obwohl die Zahl der Betriebe noch weiterhin wächst. Die erste Gründungseuphorie ist verflogen, und die Zahl der Anträge für Neugründungen betrug Anfang 1994 nur noch rund 1 700, während z.B. mehr als 90 000 Anträge auf Zuteilung von Grundstücken für Nebenerwerbswirtschaften vorlagen.[133]

Diese Entwicklung hat mehrere Gründe: Unter den ersten Neugründern waren größtenteils dynamische Leute, die über gute Voraussetzungen, d.h. Fachkompetenz, Arbeitswillen und Betriebsmittel, verfügten. Später haben sich weniger dynamische und entschlossene darangehängt. Gemäß einer Untersuchung haben sich vier Gruppen von Farmen herauskristallisiert:

1) Betriebe, die von Fachleuten geführt werden, d.h. von solchen mit landwirtschaftlicher Ausbildung und langjähriger Tätigkeit in der Landwirtschaft. Ihr Anteil beträgt ca. 40 % aller Farmen.
2) Betriebe der Eliten, d.h. von ehemaligen Leitern der sozialistischen Betriebe sowie von Funktionären der Partei des Rajons. Sie sind mit ausgesuchten Böden, billig erworbener Technik und mit Baumaterial gut ausgestattet.

---

133 A. Kostjaev, Umwandlung von Eigentums- und Betriebsstrukturen in der Landwirtschaft Rußlands. In: Rußlands Zukunft. Berlin 1994, S. 148. (Gießener Abhandlungen zur Agrar- und Wirtschaftsforschung des europäischen Ostens 206).

3) Betriebe der Intellektuellen, wobei das Familienoberhaupt im Bereich der Bildung, Medizin oder Kultur arbeitet und in der Regel ein niedriges Gehalt bezieht.
4) Marginale Betriebe, wo das Familienoberhaupt kein Fachmann ist, oft kein Landwirt und über keine qualifizierten Arbeitskräfte verfügt. Unter den Mitgliedern dieser Betriebe kommen oft Alkoholiker vor, ihre wirtschaftlichen Ergebnisse sind schlecht, ein Teil von ihnen geht bankrott. Der Anteil solcher Betriebe beträgt rund 21 %.[134]

Aus dieser Untersuchung geht hervor, daß die wirtschaftlichen Ergebnisse je nach Betriebsart sehr unterschiedlich ausfallen: Wenn man die landwirtschaftliche Produktion der ersten Gruppe von 108 000 Rubel pro Hektar, in Preisen von Anfang 1994, mit 100 % ansetzt, so betrug die Produktion der zweiten Gruppe 160 %, die der dritten 86 % und die der vierten 34 %.[135] Diese Angaben verdeutlichen, daß der ausschlaggebende Faktor für den wirtschaftlichen Erfolg eine gute Ausstattung mit Boden und Technik ist. Sie zeigen auch, daß mit 21 % ein relativ großer Anteil von Betrieben besteht, deren Existenz stark gefährdet ist, so daß ein Teil von ihnen die nächsten Jahre nicht überleben dürfte. Unter diesen Umständen ist nicht damit zu rechnen, daß in der nächsten Zeit die wirtschaftliche Bedeutung der privatbäuerlichen Betriebe merklich zunehmen könnte.

Auf kurze Sicht haben die landwirtschaftlichen Nebenerwerbsbetriebe die besten Aussichten, ihren Anteil an der landwirtschaftlichen Produktion zu vergrößern, der bereits mehr als ein Drittel ausmacht. Das Interesse an Nebenerwerbswirtschaften ist sowohl bei der ländlichen als auch bei der städtischen Bevölkerung gestiegen, weil viele Familien auf einen Nebenerwerb angewiesen sind. Darüber hinaus besteht die Möglichkeit, daß sich vor allem die Hoflandwirtschaften der Kolchosbauern durch Pacht und Kauf von zusätzlichem Land zu eigenständigen Haupterwerbsbetrieben entwickeln können. Die auf dieser Grundlage entstehenden Betriebe haben einen geringeren Kapitalbedarf als im Falle von Neugründungen. Für diese Art der Privatisierung bestehen gute Aussichten, insbesondere wenn sie mit landwirtschaftlichen Großbetrieben eine Kooperation einge-

---

134 A. Nikonov, Social'no-èkonomičeskij ..., a.a.O., S. 5.

135 Ebenda.

hen. Diese haben die Infrastruktur, die für die Entwicklung der Nebenerwerbswirtschaften dringend notwendig ist.

Landwirtschaftliche Großbetriebe, d.h. Kolchose und Sowchose, wobei die letzteren in jüngster Zeit auch Goschose[136] genannt werden, dürften sich in den nächsten Jahren größtenteils behaupten, zumal sie zunächst keine starke Konkurrenz seitens anderer Betriebsformen zu befürchten haben und weiterhin starke Befürwortung im Parlament, in den regionalen Verwaltungsorganen und in der Landbevölkerung finden. Nicht zuletzt ist das auf die bei ihnen vorhandene soziale Infrastruktur zurückzuführen, denn sie unterhalten Kindergärten, Schulen, Medpunkte (medizinische Betreuungspunkte), Bibliotheken und Kulturhäuser. Bei ihrer Auflösung würden die Aufgaben und damit verbundene Kosten den finanzschwachen Kommunen zufallen.

Die neugegründeten Betriebe in der Rechtsform von Gesellschaften und Genossenschaften sind mit Start- und Anpassungsschwierigkeiten belastet und konnten sich in der kurzen Zeit ihres Bestehens noch nicht bewähren. Ihre wirtschaftlichen Ergebnisse werden vor allem von der Ausstattung mit Produktionsmitteln, von der Fähigkeit des Managements und des Arbeitskollektivs sowie vom mehr oder weniger günstigen Standort abhängen.

6.3 Langfristige Entwicklungsmöglichkeiten der Land- und Ernährungswirtschaft

Wie sich langfristig, d.h. nach dem Jahre 2000, die Land- und Ernährungswirtschaft entwickeln wird, hängt von vielen Faktoren ab, deren Einfluß sich mehr oder weniger positiv oder negativ auf diese Entwicklung auswirken kann. Dabei kommen hauptsächlich folgende Faktoren in Betracht:

1) politische Machtverhältnisse,
2) gesamtwirtschaftliche Situation,
3) finanzielle Lage des Staates,
4) staatliche Agrarpolitik,
5) Situation der Außenwirtschaft.

---

136 Abkürzung für gosudarstvennoe chozjajstvo, wörtlich staatliche Wirtschaft.

Zu 1: Zur Zeit, d.h. Anfang 1995, ist die politische Lage in der Rußländischen Föderation instabil. Der mit großen Kompetenzen ausgestattete Staatspräsident Jelzin gerät zunehmend unter den Einfluß von konservativen Kräften, die dem Reformprozeß kritisch gegenüberstehen, eine autoritäre Staatsmacht und Wiederherstellung Rußlands mit Ansprüchen einer Weltmacht anstreben. Seit dem Tschetschenien-Konflikt hat Jelzin seinen Rückhalt bei den demokratischen Kräften verloren, die ihm gegenüber einen Konfrontationskurs beschreiten. Die künftigen politischen Machtverhältnisse im Kreml sind nicht vorhersehbar.

Zu 2: Der wirtschaftliche Niedergang Rußlands hat noch nicht die Talsohle erreicht, obwohl sich teilweise leichte Stabilisierungsansätze vor dem Ausbruch des Krieges in Tschetschenien abzeichneten. Wirtschaftsreformen werden in Rußland voraussichtlich mehr Zeit benötigen als in anderen sozialistischen Ländern. Eine langsame Verbesserung der wirtschaftlichen Situation, die sich positiv auch auf die Landwirtschaft auswirken dürfte, kann erst in einigen Jahren erwartet werden.

Zu 3: Die rückläufige Wirtschaftsleistung bedeutet sinkende Einnahmen des Staatshaushaltes. Dieser ist infolge der hohen Inflation aufgebläht. Die realen Staatsausgaben sind wegen der geringeren Einnahmen aus der Wirtschaft und der Inflationsbekämpfung stark zurückgegangen. Senkung der Inflationsraten ist auch eine der Bedingungen des Internationalen Währungsfonds für Gewährung von Krediten. Mit einer Verbesserung der Staatshaushaltssituation und mit wirksamen staatlichen Finanzhilfen für die Landwirtschaft kann erst auf längere Sicht gerechnet werden.

Zu 4: Der Rückgang der landwirtschaftlichen Produktion und die schwierige Lage der Agrarbetriebe wird von vielen Politikern, Agrarexperten und Landwirten als Folge der verfehlten Agrarreform angesehen. Im Aufwind befinden sich Gegner einer schnellen Privatisierung des Agrarsektors. Im November 1994 wurde der Parlamentsabgeordnete Nasartschuk zum neuen Minister für Landwirtschaft und Ernährung ernannt, der Kandidat der konservativen Agrarpartei Rußlands war. Das kann als ein Zeichen dafür gewertet werden, daß in der Agrarpolitik ein weniger reformfreudiger, sondern ein eher konservativer Kurs unter Beibehaltung staatlicher Reglementierung in der Landwirtschaft eingeschlagen wird.

Zu 5: Im Rahmen der Wirtschaftsreform wurde das Außenhandelsmonopol des Staates aufgegeben, und private Produzenten und Handelsorganisationen erhielten Zugang zum Außenhandel. Der Staat hat zwar seine Agrarimporte stark eingeschränkt, doch die meist von privaten Firmen importierten Nahrungsmittel haben eine große Nachfrage auf den inländischen Märkten und bieten einheimischen Produkten Konkurrenz. Außerdem werden manche Güter, wie vor allem Mineraldünger, exportiert, obwohl sie Mangelware auf dem Binnenmarkt sind. Diese Importe und Exporte werden von der starken Agrarlobby scharf kritisiert. Die Regierung versucht mit marktwirtschaftlichen Instrumenten, d.h. mit Import- und Exportzöllen, den Agraraußenhandel zu regulieren, wobei der Bedarf der Bevölkerung an Nahrungsmitteln gedeckt werden soll, doch gleichzeitig die inländischen Produzenten vor starker Konkurrenz geschützt werden. Die künftige Situation auf dem rußländischen Markt für landwirtschaftliche Erzeugnisse und Produktionsmittel für Agrarbetriebe wird zum großen Teil davon abhängen, inwieweit der Staat den Agraraußenhandel reglementieren wird.

Aufgrund der politischen und wirtschaftlichen Situation sind die Aussichten für eine rasche und erfolgreiche Privatisierung und Entwicklung der Landwirtschaft ungünstig. Die Privatisierung der Landwirtschaft schreitet jedoch, wenn auch verlangsamt und in einzelnen Regionen in unterschiedlichem Tempo, voran. Bessere Voraussetzungen dafür haben die landwirtschaftlichen Erzeuger in den südlichen und zentralen Regionen Rußlands, vor allem in der Schwarzerdezone, wo günstigere agrobiologische Bedingungen für den Pflanzenbau gegeben sind. Die Produktion von Getreide, Sonnenblumen und Kartoffeln ist in den meisten Fällen rentabler als die Tierproduktion, die in Sowjetzeiten stark subventioniert wurde. Deswegen sind die Gründungen von Farmen in diesen Gebieten weiter fortgeschritten, und sie haben bessere Entwicklungsperspektiven.

In den nächsten Jahren dürfte sich die Zahl der Farmen nur geringfügig erhöhen, weil die Startschwierigkeiten enorm sind. Vorteil haben die privatbäuerlichen Betriebe, die frühzeitig, d.h. in den Jahren 1991 und 1992, gegründet wurden und die Anfangsprobleme schon überwunden haben. In den wenigen Jahren nach ihrer Gründung konnten viele Farmer wirtschaftliche Erfolge erzielen. Abgesehen von der großen persönlichen Motivation der Familienbetriebe haben sie schon bewiesen, daß sie in der Lage sind, sich wesentlich flexibler auf die sich rasch verändernden Marktsituationen einzustellen als große Kollektivbetriebe.[137] Der russische Agrarexperte Kostjaew schätzt, daß in den nächsten 10 Jahren der Beitrag der privaten Bauernbetriebe zur gesamten landwirtschaftlichen Produktion 15 % kaum übersteigen wird, weil die Bedingungen für eine rasche Entwicklung nicht gegeben sind.[138] Um die Ausstattung der Farmen und anderer landwirtschaftlicher Erzeuger mit Landtechnik zu verbessern, hat der Staat 1994 Finanzmittel für den Aufbau von technischen Stationen bereitgestellt, die im Leasing-Verfahren Technik an landwirtschaftliche Betriebe ausleihen. Diese Entwicklung steht noch in den Anfängen, genauso wie die Entwicklung der ländlichen Genossenschaften, die vor allem in Form von Absatz- und Kreditgenossenschaften sowie genossenschaftlichen Maschinenringen, aber auch von ländlichen Konsumgenossenschaften den Privatbauern ihre Existenz erleichtern könnten. Auf Unverständnis stößt der Umstand, daß ein Entwurf des Genossenschaftsgesetzes seit Ende 1993 vorliegt, doch bisher nicht verabschiedet wurde. Es besteht zwar die schon erwähnte Bauernvereinigung AKKOR (Assoziation der Bauern und Genossenschaften Rußlands), doch aufgrund ihrer schwachen finanziellen Basis ist ihre Entwicklung gehemmt.[139]

Langfristig gesehen werden die Privatbauern, ihre Vereinigungen und Genossenschaften erstarken, und in der gesamten rußländischen Wirtschaft werden marktwirtschaftliche Verhältnisse vorherrschen. Dann wird sich zwangsläufig eine verstärkte Konkurrenz zwischen den landwirtschaftlichen Erzeugern einstellen, wobei private Familienbetriebe, ausgestattet mit ausreichenden Betriebsflächen und moderner Technik, die besten

---

137 APK: Ėkonomika, upravlenie, 5/1994, S. 6.

138 A. Kostjaev, Umwandlung ..., a.a.O., S. 148.

139 Ju. Linin, Fermerstvo ..., a.a.O., S. 9.

Aussichten haben werden, zur rentabelsten und verbreitetsten Betriebsform zu werden.

Kleine landwirtschaftliche Betriebe werden sich auf lange Sicht nur als Nebenerwerbswirtschaften behaupten können. Diese gewinnen zur Zeit noch an Bedeutung, jedoch nur wegen des niedrigen Lebensstandards, und sie werden mit der Verbesserung der wirtschaftlichen Situation an Gewicht verlieren.

Kolchose und Sowchose (Goschose) haben langfristig keine günstige Perspektive, weil sie zunehmend stärkere Konkurrenz von anderen Betrieben bekommen werden. Die besten Überlebenschancen werden diejenigen haben, die an einem günstigen Standort plaziert sind und über ein tüchtiges, anpassungsfähiges Management verfügen. Nach Meinung von Kostjaev wird sich ein Teil der Kolchose und Sowchose auf die Dauer nicht behaupten können und in Genossenschaften umgewandelt werden.[140] Unabhängig von der wirtschaftlichen Situation und Rentabilität wird ein Teil der Goschose vom Staat am Leben erhalten. Das bezieht sich vor allem auf Saatgut-, Tierzucht- und Forschungsbetriebe. Die aus Kolchosen und Sowchosen entstandenen landwirtschaftlichen Gesellschaften und Genossenschaften haben überwiegend die rechtliche Form der Gesellschaft mit beschränkter Haftung, und nach Meinung von russischen Agrarexperten hat diese Betriebsform die beste Überlebenschance. Allerdings werden auch alle neugegründeten Betriebe unter marktwirtschaftlichen Verhältnissen starke Konkurrenz bekommen. Langfristig gesehen kann man erwarten, daß sich ein Teil von ihnen in Familienbetriebe auflösen wird.

Trotz des fortgeschrittenen Stadiums der Agrarreform und der Neuorientierung auf marktwirtschaftliche Verhältnisse wird in der Agrarpolitik des Staates und in der betrieblichen Politik die Steigerung der Primärproduktion als vorrangiges Ziel angesehen. Dabei wird das Hauptproblem der russischen Nahrungsgüterwirtschaft, nämlich die unvertretbar hohen Nachernteverluste, zwar zunehmend erkannt, aber noch nicht allgemein akzeptiert.[141]

---

140 A. Kostjaev, Umwandlung ..., a.a.O., S. 148.

141 K.-E. Wädekin, Agrarpolitik in Rußland zur Wende 1993/94. In: Osteuropa, 6/1994, S. 516.

Mit Verschärfung der Konkurrenz werden sowohl die landwirtschaftlichen Erzeuger als auch die Verarbeiter stärkere Akzente auf Verlustminderung setzen müssen. Der dafür erforderliche Ausbau und die Modernisierung der Lager-, Transport- und Verarbeitungskapazitäten sind ein Finanzierungsproblem, werden aber unumgänglich sein. Besonders hoch waren und sind größtenteils noch die Verluste auf dem Wege vom Erzeuger bis zum Endverbraucher bei Kartoffeln, Gemüse, Milch und Fleisch. Sie werden bereits teilweise abgebaut, indem manche landwirtschaftlichen Betriebe damit begonnen haben, ihre Erzeugnisse in eigenen Mini-Fabriken zu verarbeiten. Dieser Trend wird sich voraussichtlich fortsetzen, zumal staatliche und auch schon privatisierte Nahrungsmittelfabriken oft Monopolstellungen in ihren Regionen haben und zu niedrige Preise für Agrarrohstoffe zahlen.

In den Händen des Staates befindet sich noch immer der größte Teil der Nahrungsmittelindustrie und des Lebensmittelhandels. Die Privatisierung der Verarbeitungs- und Vermarktungsbetriebe wird zwar langsam fortgesetzt, doch zunächst ist nicht vorgesehen, diese Wirtschaftszweige völlig zu privatisieren. Vor allem große Betriebe dürften noch längere Zeit Staatseigentum bleiben.

Aufgrund von Erfahrungen in anderen ehemals sozialistischen Ländern kann die Prognose gestellt werden, daß die russischen Wirtschaftsreformen, darunter auch die Agrarreform, unumkehrbar sind und über kurz oder lang die Marktwirtschaft einziehen wird. Es zeichnet sich schon ab, daß sie aufgrund der russischen Mentalität aber langsamer voranschreitet, und daß sie einen stärkeren staatlichen Einfluß beinhalten wird, als das in den meisten vergleichbaren Ländern der Fall ist. Die historische Erfahrung hat gezeigt, daß Reformen in Rußland schon immer mehr Zeit benötigt haben als anderswo.

7 ZUSAMMENFASSUNG

1. Rußland verfügt mit 1,4 ha landwirtschaftlicher Nutzfläche und 0,9 ha Ackerfläche pro Einwohner über **günstige Voraussetzungen für die Entwicklung der Landwirtschaft.** Doch die sozialistische Land- und Ernährungswirtschaft war nicht in der Lage, das Produktionspotential zu nutzen, und zeichnete sich durch niedrige Ernteerträge, niedrige Tierproduktivität und hohe Verluste in der Verarbeitung von landwirtschaftlichen Erzeugnissen aus. Infolgedessen war die Versorgung der Bevölkerung mit Nahrungsmitteln nicht ausreichend, und hohe Agrarimporte belasteten die Volkswirtschaft.

2. Aus diesem Grunde hat die Sowjetführung versucht, durch hohe Investitionen in die Landwirtschaft und **halbherzige Reformen** die landwirtschaftliche Produktion zu steigern. Doch an den Grundlagen des Sozialismus, d.h. Staatsmonopol am Bodeneigentum und Kollektiveigentum an Produktionsmitteln, wurde nicht gerüttelt. Die angestrebten Ziele wurden nicht erreicht.

3. Gorbatschow war der erste Sowjetführer, der das überbürokratisierte, zentralistische Planungs- und Leitungssystem des sog. agroindustriellen Komplexes und das Festhalten am Sozialismus in der Landwirtschaft in Frage stellte. Als seine Reform der Agrarverwaltungsstruktur nicht fruchtete, wurde zunächst über Bodenpacht, dann auch über Bodenkauf, die Möglichkeit für **die Etablierung von selbständigen, privaten Bauernbetrieben** (Farmen) eröffnet.

4. In der Ende 1991 entstandenen Rußländischen Föderation wurden **weitergehende Agrarreformen** in Angriff genommen. Kolchose und Sowchose wurden verpflichtet, im Laufe des Jahres 1992 ihre Betriebe zu reorganisieren. Sie hatten dabei die Wahl, ihren Status unter Anpassung der Satzung an neue Reformgesetze zu behalten oder sich aufzulösen und in andere rechtliche und organisatorische Betriebsformen, wie Gesellschaften mit beschränkter Haftung, sog. Aktiengesellschaften offenen Typs, Genossenschaften und private Bauernbetriebe umzuwandeln. Dabei behielten rund ein Drittel der Kolchose und Sowchose ihren früheren Status. Der größte Teil der umgewandelten Betriebe wählte die Rechtsform der Gesellschaft mit beschränkter Haftung. Die Umwandlung in andere Betriebsformen ist in

vielen Fällen rein formal, ohne wesentliche Veränderungen in der Organisationsstruktur erfolgt und wird von Fachleuten oft als "Schilderwechsel" bezeichnet.

5. Geändert haben sich vor allem die **Betriebsgrößen:** Vor der Reorganisation betrug die durchschnittliche landwirtschaftliche Nutzfläche der Kolchose mehr als 6 000 ha, die der Sowchose rund 8 500 ha, danach weniger als 5 000 ha in den Kolchosen und etwas mehr als 5 000 ha in den Sowchosen. Die neugegründeten landwirtschaftlichen Gesellschaften und Genossenschaften verfügen größtenteils über 1 000-1 500 ha, die Farmen im Durchschnitt über 42 ha Betriebsfläche, wobei diese in Dagestan nur drei Hektar, in Kalmykien mehr als 400 Hektar beträgt.

6. Die echte Privatisierung in Form von **Gründungen von privatbäuerlichen Betrieben** vollzieht sich mit stark abflachenden Zuwachsraten. Die Zahl der Farmen hat Ende 1994 rund 280 000 erreicht, doch gleichzeitig haben mehr als 31 000 ihre Betriebe aufgegeben. Hauptgründe für ihr Scheitern sind fehlendes Kapital, mangelnde Fachkenntnisse und Arbeitsleistung, nicht zuletzt wegen verbreitetem Alkoholismus. Der Anteil der Farmen an der gesamten landwirtschaftlichen Produktion liegt unter 10 % und wird sich in den nächsten Jahren nicht wesentlich erhöhen.

7. Die Hoflandwirtschaften der Kolchosbauern und andere **Nebenerwerbswirtschaften** der ländlichen und städtischen Bevölkerung gewinnen zunehmend an Gewicht. Sie sind bereits mit mehr als einem Drittel an der gesamten landwirtschaftlichen Produktion beteiligt. Durch die Möglichkeit, zusätzlich Boden zu pachten oder zu kaufen, entwickelt sich ein Teil von ihnen zu Haupterwerbsbetrieben. Dieser Weg stellt die kostengünstigste Art der Privatisierung dar.

8. Die Betriebe mit Rechtsformen der **Gesellschaften und Genossenschaften** konnten sich in der kurzen Zeit unter schwierigen wirtschaftlichen Bedingungen noch nicht bewähren. Mit zunehmender Konkurrenz könnte sich ein Teil von ihnen in Familienbetriebe auflösen.

9. **Kolchose und Sowchose** werden in den nächsten Jahren ihre Stellung größtenteils behalten, weil sie noch keine ernstzunehmende Konkurrenz, dafür aber eine starke Lobby und eine zum Teil nicht schlecht

entwickelte Infrastruktur, darunter auch soziale Infrastruktur, haben. Längerfristig gesehen dürften sich die meisten von ihnen in privatrechtliche Betriebsformen umwandeln.

10. Die **Privatisierung von Industriebetrieben** des agroindustriellen Komplexes vollzieht sich sehr schleppend. Außerdem hat der Staat vor, wichtige Industriebetriebe dieses Bereichs auch in weiterer Zukunft zu behalten. Viele privatisierte Betriebe befinden sich im Eigentum der Belegschaften und nutzen ihre lokale Monopolstellung aus. Im Gegenzug verarbeitet ein Teil der landwirtschaftlichen Erzeuger ihre Produktion in neu errichteten Mini-Fabriken.

11. Die Wirtschaftsreformen, darunter auch die **Agrarreform**, sind inzwischen weit fortgeschritten und unumkehrbar, obwohl konservative Kräfte von Altkommunisten und russischen Nationalisten einen starken Rückhalt im Parlament und in der Landbevölkerung haben. Deswegen, und aufgrund russischer Mentalität, wird der Einzug der Marktwirtschaft mehr Zeit benötigen als in anderen ehemals sozialistischen Ländern.

8 SUMMARY

1. With 1.4 hectares of agricultural land and 0.9 hectares of arable land per capita Russia has promising conditions for the development of its agriculture. But socialist agriculture and processing industry were not able to use this production potential. Characteristic were low yields, low animal productivity and high losses while processing agricultural goods. Thus, the food supply was insufficient and large imports of agricultural products were a burden to the economy.

2. Soviet leadership tried to raise agricultural production. A high rate of investment was directed to agriculture and half hearted reforms were introduced. But the basic principles of socialism, i.e. land can only be owned by the state and the means of production are collective property, were not touched. And so the envisaged goals of the reforms were not reached.

3. Gorbachev was the first Soviet leader who questioned the over-bureaucratic and centralised planning and administrative system of the so-called agroindustrial complex and who questioned preserving socialism in agriculture. After his reforms of the administrative structure of agriculture did not show any results, it gradually became possible to establish independent private farms, at first through land lease, later through land purchase.

4. Further reaching reforms in agriculture were attempted in the 1991 founded Russian Federation. Kolkhozes and sovkhozes were obliged to reorganize themselves until the end of 1992. They could choose to keep their status by adapting their statutes to the newly reformed laws or to dissolve themselves and change their farms into other legal and organisational forms like limited companies, so-called open joint stock companies, cooperative societies or private family farms. About one third of the kolkhozes and sovkhozes kept their former status. The majority of farms that changed chose the legal form of a limited company. In many cases the change to a new type is a formality without inducing significant changes in the organisational structure, and many specialists called this a change of labels.

5. Changes have mainly taken place in the farm size: before the reorganization the average agricultural area of a kolkhoz was more than

6 000 ha, of a sovkhoz 8 500 ha; after the reorganization the average kolkhoz had less than 5 000 ha and the average sovkhoz a little more than 5 000 ha. The newly set up agricultural companies and cooperatives in general have got more than 1 000-1 500 ha at their disposal. Private farms have got an average of 42 ha farm land, but the size varies from 3 ha average in Dagestan to more than 400 ha in Kalmykia.

6. Genuine privatisation, i.e. foundation of private family farms proceeds with decreasing speed. The number of farms amounted to 280 000 at the end of 1994 but at the same time 31 000 farms have been given up. The main reasons for their failure are the lack of capital, the lack of specialised knowledge and the inefficiency of labour, to a certain part due to widespread alcoholism. The proportion of private farms of the total agricultural production is less than 10 % and will not rise significantly in coming years.

7. The importance of smallholdings belonging to the kolkhozniks and other subsidary holdings is increasing. They contribute more than one third of the total agricultural production. Due to the possibility of renting and purchasing land some of them are becoming full time farms. This is the least costly way of privatisation.

8. The limited companies and cooperative farms were not able to prove themselves advantageous in this short time and under such difficult economic conditions. With an increase in competition some of them might dissolve and become family farms.

9. Kolkhozes and sovkhozes will be able to hold their ground as they have not got yet any serious competitors and because they have got a strong lobby as well as a partially not to bad developed infrastructure. In the long run it is likely that most of them will become farms with legally private status.

10. The privatisation of factories belonging to the agroindustrial complex is taking place tediously. Moreover, the state intends to keep important factories in future. Most privatised factories are in the hands of the employees and take advantage of their local preponderance. As a reaction to this some of the producers of agricultural goods process their crop in newly set up mini-factories.

11. The reform of the economy including agricultural reform has meanwhile proceeded beyond return even though conservative forces of old communists and Russian nationalists have a strong backing in parliament and amongst the rural population. Because of this and due to the Russian mentality the introduction of market economy will take longer than in other former socialist countries.

9 LITERATURVERZEICHNIS

ABDULBASIROV, M. (1994): Privatizacija predprijatij piščevoj i pererabatyvajuščej promyšlennosti. *APK: Ėkonomika, upravlenie,* 3, 4-8.

ANISIMOV, N.I. (1947): Pobeda socialističeskogo sel'skogo chozjajstva. Moskva.

BAŠMAČNIKOV, V. (1993): Otnošenie k fermerstvu menjaetsja. *Fermer,* 5-6, 3.

Bol'šaja sovetskaja ėnciklopedija. Bd. 22. Moskva 1975.

BORISOV, A.A. (1975): Klimaty SSSR v prošlom, nastojaščem i buduščem. Leningrad.

BREBURDA, J. (1976): Bodenverbesserung und Bodenerhaltung. In: Sowjet-Landwirtschaft heute. Berlin, 157-180 (Gießener Abhandlungen zur Agrar- und Wirtschaftsforschung des europäischen Ostens 78).

BUCHTOJAROV, J. (1993): Problemy agrarnoj reformy. *APK: Ėkonomika, upravlenie,* 9, 26-34.

BYSTROV, J. (1990): Problemy pravogo regulirovanija agrarnych otnošenij na sovremennom ėtape. Moskva.

CHLYSTUN, V. (1994): Krizisnoe sostojanie v agropromyšlennom proizvodstve preodolimo. *APK: Ėkonomika, upravlenie,* 10, 3-17.

DANILOV, A., V. KISTANOV, S. LEDOVSKICH (Hrsg.) (1983): Ėkonomičeskaja geografija SSSR. Moskva.

DENISOV, V., u.a. (1994): Agrarnaja reforma: problemy i perspektivy. *APK: Ėkonomika, upravlenie,* 3, 9-14.

DOBRYNIN, V. (1993): O koncepcii razvitija sel'skogo chozjajstva Rossii. *APK: Ėkonomika, upravlenie,* 5, 28-35.

FAO Yearbook. Production 1993. Rome 1994.

FEDORIN, Ju.V., V.P. SOTNIKOV, L.I. EGORENKOV (1981): Počvy sel'skochozjajstvennych ugodij SSSR. Moskva.

"Fermerskie gnezda" vzamen kolchoznych ljumpenov. *Krest'janskaja gazeta,* 1/1992, 2.

Kak stat' fermerom. *Argumenty i fakty,* 2-3/1994, 4.

KOMOV, N. (1993): Zemel'nye otnošenija i zemel'naja reforma v Rossii. *APK: Ėkonomika, upravlenie,* 3, 18-26.

Koncepcija razvitija mnogoukladnoj ėkonomiki agrarnogo sektora Rossii. *APK: Ėkonomika, upravlenie,* 11-12/1993, 51-69.

KOSTJAEV, A., D. ORCESSEK (1993): Obščnost' i različija agrarnych reform v Rossii i vostočnych zemljach FRG. *APK: Ėkonomika, upravlenie,* 7, 62-65.

KOSTJAEV, A. (1994): Umwandlung von Eigentums- und Betriebsstrukturen in der Landwirtschaft Rußlands. In: Rußlands Zukunft. Berlin, 135-148 (Gießener Abhandlungen zur Agrar- und Wirtschaftsforschung des europäischen Ostens 206).

KOTYGOVA, O. V. (1993): Fermerskie chozjajstva Rossii. Moskva.

LININ, Ju. (1994): Fermerstvo v Rossii živet i budet žit'. *Fermer,* 1-3, 8-9.

LUZAN, Ju.Ja., V.N. NELEP (1992): O privatizacii predprijatij pererabatyvajuščej promyšlennosti. *Ėkonomika sel'skochozjajstvennych i pererabatyvajuščich predprijatij,* 8, 8-9.

MARJASOV, V. (1994): S pozicij zdravogo smysla. *Zemlja i ljudi,* 42, 2.

MERL, S. (1990): Bauern unter Stalin. Berlin (Gießener Abhandlungen zur Agrar- und Wirtschaftsforschung des europäischen Ostens 175).

Narodnoe chozjajstvo Rossijskoj Federacii. 1992. Statističeskij ežegodnik. Moskva 1992.

Narodnoe chozjajstvo RSFSR. Statističeskij ežegodnik. Moskva, verschiedene Jahrgänge.

Narodnoe chozjajstvo RSFSR. Statističeskij sbornik. Moskva 1957.

Narodnoe chozjajstvo SSSR. Statističeskij ežegodnik. Moskva, verschiedene Jahrgänge.

NIKONOV, A. (1994): Social'no-ėkonomičeskij monitoring agrarnoj reformy v Rossii. *APK: Ėkonomika, upravlenie,* 5, 3-10.

O porjadke reorganizacii kolchozov i sovchozov. Postanovlenie Pravitel'stva Rossijskoj Federacii ot 29 dekabrja 1991 goda No. 86. *Ėkonomika sel'skochozjajstvennych i pererabatyvajuščich predprijatij,* 3-4/1992, 21-22.

O reformirovanii sistemy gosudarstvennogo upravlenija agropromyšlennom kompleksom Rossijskoj Federacii. Postanovlenie Pravitel'stva Rossijskoj Federacii ot 28 dekabrja 1991 goda No. 81. *Ėkonomika sel'skochozjajstvennych i pererabatyvajuščich predprijatij,* 3-4/1992, 19-20.

Obščaja bol', obščaja zabota. *APK: Ėkonomika, upravlenie,* 7/1994, 3-38, 8/1994, 3-28.

PAVLOV, I.V. (1960): Kolchoznoe pravo. Moskva.

PENKAITIS, N. (1987): Neuausrichtung der sowjetischen Agrarpolitik unter Gorbatschow. Berlin (Gießener Abhandlungen zur Agrar- und Wirtschaftsforschung des europäischen Ostens 151).

PENKAITIS, N. (1988): Tschernobyl und Folgen für die sowjetische Landwirtschaft. Berlin (Gießener Abhandlungen zur Agrar- und Wirtschaftsforschung des europäischen Ostens 161).

PENKAITIS, N. (1990): Investitionen in der sowjetischen Landwirtschaft. Berlin (Gießener Abhandlungen zur Agrar- und Wirtschaftsforschung des europäischen Ostens 176).

Pokatateli proizvodstva sel'skochozjajstvennych produktov i prodovol'stvija v Rossijskoj Federacii za 1976-1994 godu. Materialy k Parlamentskim čtenijam, Tablica No. 22.

POŠKUS, I. (1994): Social'no-ėkonomičeskie problemy soveršenstvovanija zemel'nych otnošenij v Rossii. *APK: Ėkonomika, upravlenie,* 4, 3-10.

PUZANOVSKIJ, A., A. IVANCOV (1994): Demografičeskij faktor razvitija fermerstva. *APK: Ėkonomika, upravlenie,* 2, 63-66.

RADUGIN, N. (1993): Agrarnaja reforma v Rossii. *APK: Ėkonomika, upravlenie,* 3, 7-17.

Rekomendacii po reorganizacii kolchozov i sovchozov. *Ėkonomika sel'skochozjajstvennych i pererabatyvajuščich predprijatij,* 5-6/1992, 19-24.

ROMANENKO, G. (1994): Osnovnye napravlenija stabilizacii ėkonomiki agrarnogo sektora. *Ėkonomist*, 9, 3-11.

Rossijskaja Federacija v 1992 godu. Statističeskij ežegodnik. Moskva 1993.

RUCKOJ, A.V. (1993): Agrarnaja reforma v Rossii. Moskva.

SABLUK, P., V. MESEL'-VESELJAK (Hrsg.) (1993): Rozvitok form hospodarjuvannja na seli. Kyiv.

Sbornik metodičeskich materialov po sel'skochozjajstvennomu i ėkologičeskomu zakonodatel'stvu. Č.1. Moskva 1991.

SCHINKE, E. (1984): Sowjetische Landwirtschaft: Stagnation überwunden? Aktuelle Analysen des Bundesinstituts für ostwissenschaftliche und internationale Studien, 2, 1-8.

SCHINKE, E. (1989): Reformen in der sowjetischen Landwirtschaft. Köln (Berichte des Bundesinstituts für ostwissenschaftliche und internationale Studien, 24/1989).

Sel'choztechnika - v rassročku. *Sel'skaja žizn'*, 52/1994, 1.

Sel'skoe chozjajstvo SSSR. Statističeskij sbornik. Moskva 1960.

Sel'skoe chozjajstvo SSSR. Statističeskij sbornik. Moskva 1971.

SERKOV, A.F. (1994): Formirovanie rynočnych otnošenij v agropromyšlennom komplekse Rossii. *Ėkonomika sel'skochozjajstvennych i pererabatyvajuščich predprijatij*, 6, 2-9.

ŠLEŽEVIČIUS, A. (1989): Regional'nyj mjaso-moločnyj podkompleks. Moskva.

Sobranie uzakonenij i rasporjaženij Raboče-Krest'janskogo Pravitel'stva RSFSR 1919, Nr. 4, Pos. 43.

Sobranie zakonov i rasporjaženij Raboče-Krest'janskogo Pravitel'stva SSSR 1930, Nr. 34, Pos. 255.

Social and Economic Situation of Russia in 1994. Moscow 1995.

Social'no-ėkonomičeskoe položenie Rossii. Moskva 1994.

TERNOVYCH, K., A. AGIBALOV (1992): Optimizacija parametrov krest'janskich (fermerskich) chozjajstv. *Vestnik statistiki*, 8, 44-48.

UDALOV, V.A. (1993): Nastol'naja kniga rossijskogo fermera. Moskva.

Die Union der Sozialistischen Sowjetrepubliken. Handbuch. Düsseldorf 1971.

Vedomosti S-ezda narodnych deputatov SSSR i Verchovnogo Soveta SSSR, 1990, Nr. 10, 129.

VYLEGŽANIN, V. (1994): Kuban': Ob-javili vojnu fermeram. *Argumenty i fakty,* 16, 5.

WÄDEKIN, K.-E. (1967): Privatproduzenten in der sowjetischen Landwirtschaft. Köln.

WÄDEKIN, K.-E. (1974): Sozialistische Agrarpolitik in Osteuropa. Bd. 1. Berlin (Gießener Abhandlungen zur Agrar- und Wirtschaftsforschung des europäischen Ostens 63).

WÄDEKIN, K.-E. (1990): Sowjetische Agrarpolitik heute. *Osteuropa*, 6, 503-516.

WÄDEKIN, K.-E. (1994): Agrarpolitik in Rußland zur Wende 1993/94. *Osteuropa,* 6, 513-530.

Zemel'naja reforma menjaet kurs. *Krest'janskaja gazeta,* 3/1992, 2.

ZIMM, A., G. MARKUSE (1984): Geographie der Sowjetunion. Gotha.

ZEITUNGEN UND ZEITSCHRIFTEN

APK: Ėkonomika, upravlenie
Argumenty i fakty
Ėkonomičeskaja gazeta
Ėkonomika i organizacija sel'skochozjajstvennych predprijatij
Ėkonomika sel'skogo chozjajstva
Ėkonomika sel'skogo chozjajstva Rossii
Ėkonomika sel'skochozjajstvennych i pererabatyvajuščich predprijatij
Ėkonomist
Fermer
Izvestija
Krest'janskaja gazeta
Krest'janskie vedomosti
Osteuropa
Osteuropa-Wirtschaft
Partijnaja žizn'
Piščevaja promyšlennost'
Pravda
Sel'skaja žizn'
Sovetskaja Rossija
Vestnik AKKOR
Vestnik sel'skochozjajstvennoj nauki
Vestnik statistiki
Voprosy ėkonomiki
Zemlja i ljudi

Anhang

Tabelle I: Entwicklung der Kolchose und Sowchose 1960-1992

	1960	1970	1980	1990	1991	1992
Kolchose (ohne Fischfangkolchose)[1]	20 814[2]	13 724	12 000	12 800	13 100	8 300
LN, Mio. ha	133,1	99,6	87,4	84,9	79,1	40,1
Saatfläche, Mio ha	72,5	58,5	55,6	51,8	50,5	21,6[2]
Rinder, Mio.[1]	16,6	19,7	22,4	21,8	20,4	.
darunter Kühe, Mio.[1]	6,1	6,6	7,9	7,2	7,0	.
Schweine, Mio.[1]	12,8	12,8	11,7	11,4	9,8	.
Schafe, Mio.[1]	29,0	25,4	22,9	18,9	17,0	.
Getreideproduktion, Mio. t	47,0	58,7	51,8[3]	64,7[4]	45,7[5]	.
Fleischproduktion, Mio. t[6]	1,5	1,8	1,6	2,3	2,0	.
Milchproduktion, Mio. t	11,2	14,8	16,0	19,9	18,0	.
Eierproduktion, Mrd. St.	1,7	2,9	0,6	0,3	0,3	.
Sowchose[1]	4 047	8 600	11 800	13 000	12 400	8 200
LN, Mio. ha	75,8	105,8	123,1	117,3	106,1	43,2[7]
Saatfläche, Mio. ha	42,1	54,3	64,1	60,3	55,5	14,7
Rinder, Mio.[1]	9,1	18,3	23,8	23,4	19,9	.
darunter Kühe, Mio.[1]	3,3	6,5	8,5	7,7	6,8	.
Schweine, Mio.[1]	8,4	10,7	14,2	15,7	12,8	.

Tabelle I: Fortsetzung

	1960	1970	1980	1990	1991	1992
Schafe, Mio.[1]	13,2[8]	20,7	25,5	22,1	18,4	.
Getreideproduktion, Mio. t	26,8	48,8	50,5[9]	58,9[10]	38,2[5]	.
Fleischproduktion, Mio. t[6]	0,9	1,8	3,1	4,7	3,7	.
Milchproduktion, Mio. t	6,2	14,2	17,4	21,5	17,6	.
Eierproduktion, Mrd. St.	1,6	8,9	27,6	36,3	34,4	.

1 Zum Jahresende.
2 Inklusive Fischfangkolchose.
3 Nach Reinigung und Trocknung 47,9 Mio. t.
4 Nach Reinigung und Trocknung 59,9 Mio. t.
5 Nach Reinigung und Trocknung.
6 Schlachtgewicht.
7 Aller staatlichen Betriebe.
8 Schafe und Ziegen.
9 Nach Reinigung und Trocknung 46,7 Mio. t.
10 Nach Reinigung und Trocknung 53,6 Mio. t.

Quellen: Narodnoe chozjajstvo RSFSR v 1965 g. Statističeskij ežegodnik. Moskva 1966, S. 316 f. 327 f.; ..., a.a.O., v 1980 g. S. 157 f., 164 f.; ... v 1990 g. S. 403 f., 407 f.; Sel'skoe chozjajstvo SSSR. Statističeskij sbornik. Moskva 1971, S. 486 f.; Rossijskaja Federacija ..., a.a.O., S. 417; APK: Ėkonomika, upravlenie, 1/1994, S. 23.

Tabelle II: Saatflächenstruktur 1980-1993, 1 000 ha

	1980	1985	1990	1991	1992	1993
Saatfläche, insgesamt	124 815	119 121	117 705	115 508	114 591	111 300
darunter:						
Getreide:	75 465	68 138	63 068	61 783	61 939	61 400
davon Wintergetreide	17 795	15 996	18 411	16 430	19 191	14 100
dar. Weizen	11 107	8 374	9 731	9 191	10 799	24 773[1]
Roggen	6 125	7 214	7 989	6 461	7 574	6 039
Gerste	563	408	691	778	818	15 491[2]
Sommergetreide	57 670	52 141	44 657	45 353	42 748	47 300
dar. Weizen	22 893	16 910	14 513	13 961	13 485	.
Gerste	17 991	15 736	13 032	14 503	13 746	.
Hafer	9 901	10 981	9 100	9 032	8 540	.
Körnermais	590	1 080	869	733	810	.
Hirse	1 733	1 680	1 936	1 997	1 875	.
Buchweizen	1 131	1 100	1 278	1 646	1 709	.
Reis	377	322	287	267	265	.
Leguminosen	3 007	4 177	3 556	3 163	2 266	.
Industriepflanzen	6 180	5 727	6 111	5 626	5 891	5 500
dar. Zuckerrüben[3]	1 615	1 492	1 460	1 399	1 439	1 317

Tabelle II: Fortsetzung

	1980	1985	1990	1991	1992	1993
Sonnenblumen	2 380	2 320	2 739	2 576	2 889	2 900
Sojabohnen	741	623	675	664	645	.
Faserlein	595	550	418	328	327	264
Hanf	101	85	46	28	32	.
Kartoffeln	3 790	3 538	3 124	3 187	3 404	3 520
Gemüse	742	676	618	662	682	663
Futterpflanzen	38 421	40 830	44 560	44 039	42 474	40 100
dar. mehrjährige Futtergräser	13 783	16 451	18 287	19 501	18 813	28 900
einjährige Futtergräser	10 445	9 994	12 612	11 747	11 210	
Futtermais	9 650	10 119	10 089	9 606	9 535	.
Futterhackfrüchte	923	1 095	833	689	565	.

1 Winter- und Sommerweizen.

2 Winter- und Sommergerste.

3 Für Zuckerfabriken.

Quelle: Rossijskaja Federacija ..., a.a.O., S. 418 f.; Social'no-ėkonomičeskoe ..., a.a.O., S. 54 f.

Tabelle III: Entwicklung der Produktion von Getreide, Kartoffeln und Zuckerrüben in den Wirtschaftsregionen 1976-1992, 1 000 t

	Jahresdurchschnitt				
	1976-1980	1981-1985	1986-1990	1991	1992
Getreide, insgesamt[1]	106 000	92 000	104 300	89 100	106 900
darunter:					
Nordregion	419	520	423	476	478
Nordwestregion	513	571	463	324	378
Zentrale Region	8 734	8 335	10 200	8 843	10 499
Wolga-Wjatka-Region	4 993	4 977	5 277	5 133	6 598
Zentrale Schwarzerderegion	10 283	8 281	12 206	100 20	11 655
Wolgaregion	20 951	16 499	18 004	14 431	19 556
Nordkaukasus	19 587	18 080	22 732	22 306	21 960
Uralregion	20 123	15 677	14 657	10 144	17 297
Westsibirien	13 928	12 330	13 030	10 293	12 129
Ostsibirien	4 727	5 432	5 766	5 502	4 736
Fernost	1 485	962	1 115	1 141	1 210
Kartoffeln, insgesamt	40 930	38 426	35 881	34 329	38 330
darunter:					
Nordregion	979	1 032	900	966	984
Nordwestregion	1 518	1 546	1 187	899	1 342
Zentrale Region	11 349	10 900	9 671	8 089	8 278
Wolga-Wjatka-Region	4 463	4 364	4 105	3 523	3 817

Tabelle III: Fortsetzung

	Jahresdurchschnitt 1976-1980	1981-1985	1986-1990	1991	1992
Zentrale Schwarzerderegion	3 504	3 402	2 978	2 456	3 575
Wolgaregion	4 003	3 229	3 259	3 142	4 104
Nordkaukasus	1 398	1 512	1 649	2 043	1 982
Uralregion	6 125	4 917	4 900	5 249	5 825
Westsibirien	4 003	3 884	3 698	4 089	4 069
Ostsibirien	2 069	2 139	1 995	2 388	2 959
Fernost	1 324	1 306	1 330	1 310	1 383
Zuckerrüben, insgesamt[2]	25 441	25 102	33 177	24 280	25 548
Zentrale Region	1 387	1 936	2 283	1 597	1 584
Zentrale Schwarzerderegion	12 591	11 870	18 007	11 064	11 806
Nordkaukasus	7 209	6 754	7 521	7 230	6 448
Uralregion[3]	1 317	1 287	1 574	1 448	1 683
Westsibirien[4]	631	610	706	650	960

1 Nach Reinigung und Trocknung.

2 Für Zuckerfabriken.

3 Fast ausschließlich Autonome Republik Baschkirien, (ab 1992 Baschkortostan).

4 Fast ausschließlich Region Altai.

Quelle: Rossiskaja Federacija ..., a.a.O., S. 424 ff.

Tabelle IV: Entwicklung der Tierbestände 1981-1994, Mio.[1]

	1981	1986	1991	1992	1993	1994
Rinder[2]	58,1	59,6	57,0	54,7	52,2	49,5
dar. in Privatbesitz	9,5	9,5	9,9	10,8	12,0	12,9
Kühe	22,2	21,6	20,5	20,6	20,2	19,9
dar. in Privatbesitz	5,4	5,2	5,2	5,8	6,5	7,0
Schweine	36,0	39,0	38,3	35,4	31,5	28,6
dar. in Privatbesitz	5,9	5,6	7,1	7,8	8,0	8,2
Schafe und Ziegen	65,0	63,4	58,2	55,3	51,4	46,2
dar. in Privatbesitz	15,0	14,9	16,1	17,3	18,7	19,3
davon Schafe	62,0	60,6	55,2	52,2	48,2	.
dar. in Privatbesitz	12,6	12,6	13,6	14,6	15,9	.
Pferde	2,5	2,6	2,6	2,6	2,6	.
dar. in Privatbesitz	.	.	.	0,4	0,5	.
Geflügel	564	628	660	652	568	.
dar. in Privatbesitz	184	180	195	201	190	.

1 Zum 1. Januar.

2 Inklusive Kühe.

Quellen: Narodnoe chozjajstvo RSFSR v 1980 g. ..., a.a.O., S. 151 f.; ... v 1985 g. ..., a.a.O., S. 134; ... v 1990 g. ..., a.a.O., S. 460; Narodnoe chozjajstvo Rossijskoj Federacii. 1992. ..., a.a.O., S. 470; Rossijskaja Federacija ..., a.a.O, S. 471 f.

Tabelle V: Auslieferung von Technik an landwirtschaftliche Betriebe 1980-1993, 1 000 Stück

	1980	1990	1991	1992	1993	
					Insgesamt	dar. aus Rußland
Traktoren	170	148,6	141,7	101,0	75,0	47,0
Pflüge für Traktoren	103	87,7	75,2	62,7	23,0	17,3
Drillmaschinen für Traktoren	119	56,8	90,3	19,6	12,0	4,1
Mähmaschinen für Traktoren	43	27,3	27,2	19,0	9,5	9,5
Mähdrescher	75	42,5	34,7	25,3	25,8	25,8
Kartoffelvollerntemaschinen	6,4	3,9	3,8	1,1	1,1	1,1
Maisvollerntemaschinen	0,2	1,4	1,8	1,9	1,2	.
Futtervollerntemaschinen	28,9	14,2	13,0	6,7	3,5	1,2
Melkanlagen	37,0	30,0	32,7	21,1	8,4	4,7

Quellen: Narodnoe chozjajstvo RSFSR v 1980 g. ..., a.a.O., S. 130 f.; APK: Ėkonomika, upravlenie, 10/1994, S. 35.

Tabelle VI: Entwicklung der industriellen Produktion von Nahrungsmitteln und Getränken 1980-1993

	1980	1985	1990	1991	1992	1993
Fleisch, 1 000 t[1]	4 502	5 334	6 642	5 822	4 784	3 995
darunter:						
Rindfleisch	2 109	2 362	2 946	2 510	2 123	.
Schweinefleisch	1 213	1 488	1 804	1 615	1 244	.
Schaffleisch	111	121	176	135	137	.
Geflügelfleisch	716	1 036	1 270	1 189	955	.
Andere Fleischarten und Subprodukte	353	327	446	372	325	.
Wurstwarenerzeugnisse, 1 000 t	1 773	1 944	2 283	2 077	1 547	1 493
Fleischhalbfabrikate, 1 000 t[2]	716	928	1 075	873	390	401
Tierische Fette, 1 000 t	611	721	833	729	762	732
Vollmilcherzeugnisse, Mio. t[3]	15,5	17,9	20,8	18,6	9,8	8,4
Fettkäse, 1 000 t	332	407	458	394	299	313
Margarine, 1 000 t	719	822	808	627	560	438
Fischerzeugnisse, Mio. t[4]	.	4,5	5,1	3,7	3,3	.
Pflanzenöl, 1 000 t	823	775	1 159	1 165	994	1 127
Konserven, Mio. Dosen[5]	5 999	7 057	8 206	6 944	5 353	4 405
darunter:						
Fleisch und Fleisch mit Gemüse	407	547	545	478	558	.
Fisch	1 950	2 204	2 335	1 982	1 332	926
Milch	764	769	980	767	628	681
Gemüse	1 178	1 089	1 043	951	865	.

Tabelle VI: Fortsetzung

	1980	1985	1990	1991	1992	1993
Tomaten	515	648	523	403	281	.
Obst	584	760	886	805	696	.
Tiefgefrorenes Gemüse, 1 000 t	2,3	1,1	3,3	5,6	3,1	.
Zucker, 1 000 t	2 994	3 642	3 758	3 425	3 923	3 918
dar. aus Zuckerrüben	1 932	2 569	2 630	2 052	2 248	2 497
Zuckerraffinade, 1 000 t	841	962	1 077	886	747	.
Konditoreierzeugnisse, 1 000 t	2 084	2 268	2 869	2 641	1 829	1 746
Teigwaren, 1 000 t	916	946	1 038	1 115	1 102	836
Nichtalkoholische Getränke, Mio. hl	17 900	18 800	28 800	22 800	7 910	.
dar. Kwas[6]	5 500	5 900	7 700	7 100	1 300	.
Mineralwasser, Mio. hl	2 210	2 680	4 420	3 760	2 160	.
Alkoholische Getränke, Mio. hl[7]	13 700	10 900	7 880	8 280	7 620	.
Wodka und Liköre, Mio. hl	20 800	16 100	13 800	15 400	14 900	.
Traubenwein, Mio. hl	15 900	14 300	7 570	6 470	3 980	.
Sekt, Mio. hl	520	770	830	740	760	.
Kognak, Mio. hl	433	315	592	369	182	.
Bier, Mio. hl	33 100	35 000	33 600	33 600	27 900	.

1 Inklusive eßbare Subprodukte. **2** Ohne Gaststättenproduktion. **3** In Milchäquivalent. **4** Inklusive Fischkonserven. **5** Eine Doseneinheit Fleischkonserven enthält 338 g, Fleisch, Gemüse-, Milch- und Obstkonserven 400 g. **6** Erfrischungsgetränk aus Brot. **7** 100% Alkohol.

Quellen: Rossijskaja Federacija ..., a.a.O., S. 185; Pokazateli proizvodstva sel'skochozjajstvennych produktov i prodovol'stvija v Rossijskoj Federacii za 1976-1994 gody. Materialy k Parlamentskim čtenijam, Tablica No. 22; APK: Ėkonomika, upravlenie, 2/1995, S. 77.

Tabelle VII: Industrielle Nahrungsmittelproduktion pro Kopf der Bevölkerung 1980-1993

	1980	1985	1990	1991	1992	1993
Fleisch, kg	32,4	37,1	44,9	39,2	32,2	27,1
Wursterzeugnisse, kg	12,8	13,5	15,4	14,0	10,4	10,0
Fleischhalbfabrikate, kg	5,2	6,5	7,3	5,9	2,6	.
Tierische Fette, kg	4,4	5,0	5,6	4,9	5,1	4,9
Vollmilcherzeugnisse, kg[1]	112	125	141	125	65,8	56,6
Fettkäse, kg	2,4	2,8	3,1	2,7	2,0	2,1
Margarine, kg	5,2	5,7	5,5	4,2	3,8	3,0
Pflanzenöl, kg	5,9	5,4	7,8	7,8	6,7	7,6
Konserven, Dosen[2]	43,2	49,2	55,5	46,7	36,0	.
dar. Obst und Gemüse	21,6	25,3	30,1	25,7	19,8	16,8
Getrocknetes Obst, g	12,0	7,5	14,3	7,4	25,3	.
Tiefgefrorenes Gemüse, g	16,3	7,7	22,3	37,9	20,8	
Zucker, kg	21,6	25,4	25,3	23,0	26,4	26,4
dar. aus Zuckerrüben	13,9	17,9	17,7	13,8	15,1	16,8
Zuckerraffinade, kg	6,1	6,7	7,3	6,0	5,0	.
Konditoreierzeugnisse, kg	15,0	15,8	19,4	17,8	12,3	11,8
Teigwaren, kg	6,6	6,6	7,0	7,5	7,4	5,6
Nichtalkoholische Getränke, l	12,9	13,1	19,4	15,3	5,3	.
dar. Kwas, l[3]	4,0	4,0	5,2	5,8	0,9	.
Mineralwasser, l	1,6	1,8	3,0	2,5	1,4	.

1 Milchäquivalent.

2 Eine Doseneinheit Fischkonserven enthält 338 g, Fleisch-, Gemüse-, Milch- und Obstkonserven 400 g.

3 Erfrischungsgetränk aus Brot.

Quellen: Rossijskaja Federacija, ..., a.a.O., S. 186; Pokazateli proizvodstva ..., a.a.O.

Bisher erschienene Bände dieser Reihe

1* ROLAND HAJENSKI: Versuch einer genetischen Gliederung der Böden Polens
1957. 107 Seiten, 2 Klimakarten, 1 einfarbige und 1 mehrfarbige Bodenkarte

2* PETER JANITZKY: Salz- und Alkaliböden und Wege zu ihrer Verbesserung. Ein Vergleich russischer und amerikanischer Forschungsergebnisse
1957. 196 Seiten, 2 einfarbige und 1 mehrfarbige Bodenkarte und 48 Abbildungen

3* Aus Natur und Geschichte Mittel- und Osteuropas. Festgabe zum 350jährigen Jubiläum der Justus-Liebig-Universität Gießen. Die Autoren: E. von BOGUSLAWSKI, E. von DALWIG-NOLDA, P. JANITZKY, H. KURON, G. POSPELOWA, M. GREINER, H. GRÜNERT, H. LUDAT, B. SCHIER und K. ZERNACK
1957. 182 Seiten mit zahlreichen Karten, Fotos und Tabellen

4* ERIK AMBURGER: Die Familie Marselis. Studien zur russischen Wirtschaftsgeschichte
1957. 224 Seiten und 2 Karten

5* JOSEF BREBURDA: Die genetische Gliederung der Böden der Tschechoslowakei und ihre Bedeutung für deren Bewertung und Nutzung
1958. 153 Seiten und 11 Karten

6* GÜNTER HEDTKAMP: Instrumente und Probleme westlicher und sowjetischer Wirtschaftslenkung. Nationalbudget und Nationalplan
1958. 187 Seiten und zahlreiche Tabellen

7* KLAUS ZERNACK: Studien zu den schwedisch-russischen Beziehungen in der 2. Hälfte des 17. Jahrhunderts, Teil I: Die diplomatischen Beziehungen zwischen Schweden und Moskau von 1675 bis 1689
1958. 183 Seiten und 4 Tafeln

8* GALINA POSPELOWA: Der Einfluß des Standraumes bei der Sonnenblume unter verschiedenen ökologischen Bedingungen
1959. 95 Seiten mit Abbildungen, zahlreichen Tabellen und 1 Übersichtskarte

9 HERBERT LUDAT: Das Lebuser Stiftsregister von 1405 - Studien zu den Sozial- und Wirtschaftsverhältnissen im mittleren Oderraum zu Beginn des 15. Jahrhunderts - Teil I
1965. XXXIX, 120 Seiten sowie Personen-, Sach- und Ortsregister, 5 Karten und 2 Tafeln

10* EBERHARD von DALWIG-NOLDA: Die Tierzucht Polens - Entwicklung und Stand der Pferde-, Rinder-, Schweine- und Schafzucht
1959. 264 Seiten, 136 Tabellen im Anhang und 4 Übersichtskarten

11* WILLI WAPENHANS: Agrarpolitik in der Zentralverwaltungswirtschaft Mitteldeutschlands und in der Marktwirtschaft der Bundesrepublik Deutschland
Anhang: Materialien aus der Gesetzgebung der beiden Teile Deutschlands
1959. 134 Seiten

12* SELMAN USLU: Untersuchungen zum anthropogenen Charakter der zentralanatolischen Steppe
1960. 71 Seiten mit 70 Abbildungen und 6 Karten

13* GEORG FARKASDI: Aufbau und Leistungen der ungarischen Agrarforschung seit 1945
1960. 136 Seiten, zahlreiche Tabellen und 8 einfarbige Übersichtskarten

14* ERIK AMBURGER: Beiträge zur Geschichte der deutsch-russischen kulturellen Beziehungen
1961. 251 Seiten Text, umfangreiches Personenregister

15* WILLI WAPENHANS: Griechenland - Untersuchungen über die Wirtschaft eines kontinentaleuropäischen Entwicklungslandes
1960. 162 Seiten mit vielen Tabellen und Diagrammen, Summary

16* WOLFGANG LA BAUME: Frühgeschichte der europäischen Kulturpflanzen
1961. 56 Seiten, 2 Tabellen im Anhang und 4 Tafeln

17* ARNOLD BUCHHOLZ: Die Göttinger Rußlandsammlungen Georgs von Asch - Ein Museum der russischen Wirtschaftsgeschichte des 18. Jahrhunderts
1961. 114 Seiten, 5 Abbildungen

18* KLAUS-DETLEV GROTHUSEN: Die historische Rechtsschule Rußlands - Ein Beitrag zur russischen Geistesgeschichte in der zweiten Hälfte des 19. Jahrhunderts
1962. 263 Seiten

19* EBERHARD SCHINKE: Die Kostenrechnung in der sowjetischen Landwirtschaft - Kritische Untersuchung der Methoden der landwirtschaftlichen Betriebsabrechnung und Selbstkostenrechnung
1962. 132 Seiten

20* MARTIN GOLLING: Der Pflanzenbau in Pommern - Grundlagen, Entwicklung und Bedeutung
KURT HOLDER-EGGER: Der Gartenbau in Pommern
1963. 314 Seiten, 9 Abbildungen, 62 Tabelle

21* ZLATKO GRAČANIN: Verbreitung und Wirkung der Bodenerosion in Kroatien
1962. 335 Seiten, 16 Karten und 120 Abbildungen

22* GEORG BARCZYK: Die Organisation der landwirtschaftlichen Betriebe in Polen und den deutschen Ostgebieten, ihre Umgestaltung nach 1956 und die Auswirkung auf die Produktion
1962. 111 Seiten

23* KÁLMÁN NÉMETH: Die genetische Gliederung der Böden Ungarns
1962. 96 Seiten, 6 Karten und 16 Abbildungen

24* TAMÁS HARRACH: Bodenerhaltung und Bodenmelioration in Ungarn
1963. 80 Seiten, 26 Tabellen, 23 Abbildungen, 2 Karten

25* ERWIN und GERT BUCHHOLZ: Rußlands Tierwelt und Jagd im Wandel der Zeit
1963. 218 Seiten, 13 Abbildungen und Kunstdruck, 8 Abbildungen und 10 Karten im Text, broschiert

26* JOSEF BREBURDA: Bodenphysikalische Methoden in den osteuropäischen Ländern - Eine kritische Auswertung ihrer Ergebnisse
1963. 93 Seiten, 20 Abbildungen, 19 Tabellen

27* HERBERT FÜRBETH: Vergleichende Untersuchungen über die Anbaumöglichkeiten von Sorgum-Varietäten im kontinentalen und gemäßigten Klima
1963. 77 Seiten mit zahlreichen Tabellen und Abbildungen, 8 Abbildungen auf Kunstdruck

28* BERNHARD WEINMANN: Die Böden der Insel Kefallinia (mit einer Bodentypenkarte)
1964. 213 Seiten mit zahlreichen Tabellen und Abbildungen sowie einer Mehrfarbenkarte

29* GEORG BARCZYK und EBERHARD SCHINKE: Die Diskussion um Intensität und Betriebssystematik in der polnischen Agrarwissenschaft
1963. 57 Seiten, 3 Abbildungen, 13 Tabellen

30* HELLA HASSELBACH: Mais in der Sowjetunion
1964. 137 Seiten, 37 Tabellen, 16 Abbildungen und 1 fünffarbige Übersichtskarte

31 PETER SCHLEY: Sowjetische bioklimatische Forschungsarbeiten auf dem Gebiete der Tierzucht und Tierhaltung von 1945-1963
1965. 172 Seiten mit 47 Abbildungen und 45 Tabellen

32 Agrar-, Wirtschafts- und Sozialprobleme Mittel- und Osteuropas in Geschichte und Gegenwart - 23 Beiträge aus den Fachgebieten Bodenkunde, Pflanzenbau, Tierzucht, Veterinärmedizin, Wirtschaftswissenschaft, Landwirtschaftliche Betriebslehre und Geschichte
In Verbindung mit E. von BOGUSLAWSKI, V. HORN, W. KRAUS, L. KRÜGER, P. MEIMBERG und E. SCHÖNHALS herausgegeben von H. LUDAT
1965. 498 Seiten mit zahlreichen Tabellen, Abbildungen und Karten

33* KLAUS ZERNACK: Die burgstädtischen Volksversammlungen bei den Ost- und Westslaven - Studien zur verfassungsgeschichtlichen Bedeutung des Vece
1967. VI, 318 Seiten, Summary

34* JOSEF BREBURDA: Bedeutung der Bodenerosion für die Auswirkung der landwirtschaftlichen Nutzung von Böden im osteuropäischen und zentralasiatischen Raum der Sowjetunion
1966. VI, 132 Seiten mit 12 Karten, davon 1 Ausklapptafel

35 HORST GÜNTHER: Die Verstädterung in Jugoslawien
1966. 224 Seiten mit 2 Karten und zahlreichen Tabellen

36* BERNHARD WEINMANN: Die Böden der Kykladeninsel Amorgos (Griechenland) und ihre landwirtschaftliche Nutzung
1967. 142 Seiten, 1 sechsfarbige Faltkarte und 12 Seiten Abbildungen, mit Zusammenfassungen in Griechisch, Französisch und Englisch

37* KLAUS-DETLEV GROTHUSEN: Entstehung und Geschichte Zagrebs bis zum Ausgang des 14. Jahrhunderts - Ein Beitrag zum Städtewesen Südosteuropas im Mittelalter
1967. 326 Seiten und 8 Tafeln, davon 6 Ausklapptafeln, Summary

38* EBERHARD SCHINKE: Die Mechanisierung landwirtschaftlicher Arbeiten in der Sowjetunion
1967. X, 106 Seiten, Summary

39 MANFRED RAUTH: Raumgliederung, Raumordnung und Regionalplanung in der Sowjetunion aus landwirtschaftlicher Sicht
1967. 280 Seiten mit 45 Karten, 21 Tabellen und 2 Ausklapptafeln, Summary

40 ZDENĚK FIALA: Die Anfänge Prags - Eine Quellenanalyse zur Ortsterminologie bis zum Jahre 1235
1967. 36 Seiten, 4 Abbildungen, 1 Faltkarte, Summary

41 GÜNTER JAEHNE: Landwirtschaft und landwirtschaftliche Zusammenarbeit im Rat für Gegenseitige Wirtschaftshilfe (COMECON)
1968. 328 Seiten mit zahlreichen Tabellen, Summary

42* ERIK AMBURGER: Die Anwerbung ausländischer Fachkräfte für die Wirtschaft Rußlands vom 15. bis ins 19. Jahrhundert
1968. 200 Seiten

43 PHILIPP KELLNER: Die Rinderzucht in der Sowjetunion - Probleme der Organisation des Züchtungswesens und der Kreuzungszucht bei ihrer Entwicklung und Leistungssteigerung
1968. 326 Seiten mit zahlreichen Tabellen und Abbildungen, Summary

44 PETER SCHLEY: Der Yak und seine Kreuzung mit dem Rind in der Sowjetunion
1967. 132 Seiten mit Tabellen und Abbildungen

45 IVAN LONČAREVIĆ: Die landwirtschaftlichen Betriebsgrößen in der Sowjetunion in Statistik und Theorie
1969. 184 Seiten mit 4 Karten, 10 Darstellungen und 55 Tabellen, Summary

46* HANS SCHENK: Nürnberg und Prag - Ein Beitrag zur Geschichte der Handelsbeziehungen im 14. und 15. Jahrhundert
1969. 190 Seiten

47* KARL-EUGEN WÄDEKIN: Die sowjetischen Staatsgüter - Expansion und Wandlungen des Sovchozsektors im Verhältnis zum Kolchozsektor von Stalins Tod bis heute
1969. 132 Seiten, Summary

48 GALINA POSPELOWA: Die cytoplasmatische Pollensterilität in der Maiszüchtung der Sowjetunion
1969. 116 Seiten, Summary, Resume

49 EDUARD von BOGUSLAWSKI und HILDEGARD FLIESS: Zuckerrübenanbau in Polen - Voraussetzungen und Produktion
1970. 192 Seiten mit 9 Karten, zahlreichen Tabellen, Summary, ISBN 3-447-01279-X

50 ADELHEID SIMSCH: Die Handelsbeziehungen zwischen Nürnberg und Posen im europäischen Wirtschaftsverkehr des 15. und 16. Jahrhunderts
1970. 224 Seiten mit zahlreichen Tabellen, Summary

51 EBERHARD MATTER und PETER SCHLEY: Schrifttum über das Karakulschaf - Publikationen der Jahre 1960 bis 1969
1970. 166 Seiten, 1 Karte, mehrere Abbildungen, zahlreiche Tabellen, Zusammenfassungen in mehreren Sprachen, ISBN 3-447-00788-5

52 ENDRE ANTAL: Die Funktionen der Werbung im System der zentralen Wirtschaftslenkung
1970. 172 Seiten, Summary, ISBN 3-447-00004-X

53 THEODOR BERTHOLD: Die Agrarpreispolitik der DDR - Ziele, Mittel, Wirkungen
1972. 296 Seiten mit zahlreichen Tabellen, ISBN 3-428-02813-9

54* KARL-EUGEN WÄDEKIN: Die Bezahlung der Arbeit in der sowjetischen Landwirtschaft
1972. 384 Seiten mit zahlreichen Tabellen, Summary, ISBN 3-428-02681-0

55 Beiträge zur Stadt- und Regionalgeschichte Ost- und Nordeuropas - Herbert Ludat zum 60. Geburtstag, hrsg. v. KLAUS ZERNACK
1971. 220 Seiten mit einigen Karten und Abbildungen, ISBN 3-447-01315-X

56 Landwirtschaftliche Probleme der Ukraine - Herbert Ludat zum 60. Geburtstag, hrsg. v. JOSEF BREBURDA
1971. 236 Seiten mit Karten und zahlreichen Tabellen, ISBN 3-447-01352-5

57 DIETHARD ZYLKA: Die Verwendung von Wildarten der Gattung Prunus in der Sortenzüchtung und als Unterlage (auf Grund vorwiegend russischer Forschungsergebnisse)
1970. 224 Seiten, 46 Tabellen, 6 Karten, Sachverzeichnis, Zusammenfassung in Deutsch, Englisch und Russisch, ISBN 3-447-01281-1

58 GEORGETA MAVROCORDAT: Die Böden Rumäniens
1971. 156 Seiten, 22 Abbildungen, 20 Tabellen und 26 farbige Bodenprofile auf 18 Farbtafeln, ISBN 3-428-02622-5

59 Archivalische Fundstücke zu den russisch-deutschen Beziehungen - Erik Amburger zum 65. Geburtstag, hrsg. v. H.-J. KRÜGER
1973. 200 Seiten mit einigen Abbildungen, ISBN 3-428-03056-7

60 ANDRÁS KUBINYI: Die Anfänge Ofens
1972. 112 Seiten mit Karten und Abbildungen, Summary, ISBN 3-428-02746-9

61* GÜNTER HEDTKAMP unter Mitarbeit von NORBERT PENKAITIS: Das sowjetische Finanzsystem
1974. 220 Seiten mit zahlreichen Tabellen und Diagrammen, Summary, ISBN 3-428-03057-5

62 IVAN LONČAREVIĆ: Die Kooperation zwischen den privaten Landwirtschaftsbetrieben und den gesellschaftlichen Wirtschaftsorganisationen in der Landwirtschaft Jugoslawiens
1974. 204 Seiten mit zahlreichen Tabellen und zwei Darstellungen, Summary, ISBN 3-428-03058-3

63 KARL-EUGEN WÄDEKIN: Sozialistische Agrarpolitik in Osteuropa. I. Von Marx bis zur Vollkollektivierung
1974. 238 Seiten, Summary, ISBN 3-428-03227-6

64 ANDREAS KURJO: Agrarproduktion in den Mitgliedsländern des Rates für Gegenseitige Wirtschaftshilfe (RGW)
1975. 216 Seiten mit 93 Tabellen, Summary, ISBN 3-428-03391-4

65 NIKOLAUS THIEL: Das Q-Fieber und seine geographische Verbreitung mit besonderer Berücksichtigung der Länder Ost- und Südosteuropas
1974. 166 Seiten mit 5 Abbildungen, 7 Tabellen und 2 Faltkarten, Summary, ISBN 3-428-03163-6

66 ZDENĚK HUŇÁČEK: Rechtliche Aspekte der Kooperation in der tschechoslowakischen Landwirtschaft - Ein Beitrag zum sozialistischen Agrarrecht
1974. 166 Seiten mit Register und Summary, ISBN 3-428-03268-3

67 KARL-EUGEN WÄDEKIN: Sozialistische Agrarpolitik in Osteuropa. II. Entwicklung und Probleme 1960-1976
1978. 338 Seiten mit 40 Tabellen, Summary, ISBN 3-428-04149-6

68 FRIEDRICH LEHNARDT: Ein Beitrag zur Genese und Systematik polnischer Lößböden (Lubliner Hügelland)
1975. 154 Seiten mit 20 Tabellen und 41 Bildern und Abbildungen, Summary, ISBN 3-428-03392-2

69 VLADISLAV BAJAJA: Theoretische Grundlagen und praktische Entwicklung landwirtschaftlicher Betriebsgrößen in der Tschechoslowakei
1975. 326 Seiten mit 83 Tabellen, Summary, ISBN 3-428-03491-0

70 IVAN LONČAREVIĆ: Schlachttier- und Fleischproduktion in Osteuropa - Jugoslawien
1975. 116 Seiten mit 30 Tabellen, Summary, ISBN 3-428-03545-3

71 EBERHARD von DALWIG-NOLDA: Schlachttier- und Fleischproduktion in Osteuropa - Polen
1976. 86 Seiten mit 39 Tabellen und 4 Darstellungen, Summary, ISBN 3-428-03656-5

72 STANISLAWA HEGENBARTH: Landwirtschaftliche Zirkel und landwirtschaftliche Produktionsgenossenschaften in Polen
1976. 194 Seiten mit Karten, Tabellen und Darstellungen, Summary
ISBN 3-428-03640-9

73 HILTRUD BESCH: Stand und Aussichten der Weizenzüchtung in der Sowjetunion
1976. 200 Seiten mit Tabellen und Abbildungen, Summary, DM, ISBN 3-428-03605-0

74 RAIMUND ERNST: Die Nordwestslaven und das fränkische Reich - Beobachtungen zur Geschichte ihrer Nachbarschaft und zur Elbe als nordöstlicher Reichsgrenze bis in die Zeit Karls des Großen
1976. 244 Seiten, Summary, ISBN 3-428-03565-8

75 NIKOLAUS THIEL und ENDRE ANTAL: Schlachttier- und Fleischproduktion in Osteuropa - Ungarn
1975. 114 Seiten mit 53 Tabellen, Summary, ISBN 3-428-03566-6

76 GERHARD ZABEL: Die Fernerkundung durch Satelliten und ihre Anwendung in der Landwirtschaft. Eine Bestandsaufnahme amerikanischer Forschungsarbeiten
1975. 88 Seiten mit 6 Farbbildern, 9 Abbildungen, 2 Tabellen, Summary, ISBN 3-428-03567-4

77 BERND SPINDLER: Investitionsplanung in der Landwirtschaft der Sowjetunion
1976. 202 Seiten, 33 Tabellen, 6 Schemata, 1 Karte, Summary, ISBN 3-428-03657-3

78 Sowjet-Landwirtschaft heute (mit Beiträgen von J. BREBURDA, H. FLIESS, G. JAEHNE, PH. KELLNER, G. POSPELOWA, B. SPINDLER, E. SCHINKE und K.-E. WÄDEKIN)
1976. 222 Seiten mit Karten und zahlreichen Tabellen, Summary,
ISBN 3-428-03691-3

79 EBERHARD SCHINKE: Schlachttier- und Fleischproduktion in Osteuropa - Rumänien
1976. 48 Seiten mit Tabellen und Abbildungen, Summary, DM, ISBN 3-428-03746-4

80 JOSEF BREBURDA: Schlachttier- und Fleischproduktion in Osteuropa - Tschechoslowakei
1976. 58 Seiten mit Tabellen und Darstellungen, Summary
ISBN 3-428-03776-6

81 HANS-JOBST KRAUTHEIM: Öffentliche Meinung und imperiale Politik - Das britische Rußlandbild 1815-1854
1977. 412 Seiten, Register, Summary, ISBN 3-428-03842-8

82 GÜNTER JAEHNE und PHILIPP KELLNER: Schlachttier- und Fleischproduktion in Osteuropa - Sowjetunion
1978. 178 Seiten mit 56 Tabellen und 3 Darstellungen, Summary,
ISBN 3-428-03843-6

83 ZDENĚK HUŇÁČEK: Rechtliche Aspekte der Kooperation in der Landwirtschaft der ČSSR und der DDR - Ein komparativer Beitrag zum sozialistischen Agrarrecht
1977. 136 Seiten, Summary, ISBN 3-428-03915-7

84 ULRICH HEWER: Zentrale Planung und technischer Fortschritt - Probleme seiner Organisation und Durchsetzung am Beispiel der sowjetischen Industrie
1977. 226 Seiten, Summary, ISBN 3-428-03916-5

85 JENÖ F. BANGO: Besonderheiten der Agrarverfassung im ungarischen Alföld - Eine agrarsoziologische Studie
1977. 72 Seiten, Summary, ISBN 3-428-03965-3

86* MANFRED HOFFMANN: Instrumente zur Lenkung der landwirtschaftlichen Bodennutzung in der DDR
1977. 162 Seiten, Summary, ISBN 3-428-03981-5

87 STEPHEN P. und ETHEL DUNN: Kulturwandel im sowjetischen Dorf
1977. 200 Seiten, Summary, ISBN 3-428-04044-9

88 GALINA POSPELOWA und DAVID LEHMANN: Mineraldüngung zu Getreide in der Sowjetunion - Voraussetzungen, Forschungsergebnisse und Anwendung
1977. 148 Seiten, Summary, ISBN 3-428-04045-7

89 NORBERT PENKAITIS: Der Finanzausgleich in der Sowjetunion und seine Bedeutung für die Wirtschaftsentwicklung der Unionsrepubliken
1977. 208 Seiten mit 35 Tabellen, Summary, ISBN 3-428-04100-3

90 STANISLAWA HEGENBARTH: Kooperationsformen in der polnischen Landwirtschaft
1977. 98 Seiten, Summary, ISBN 3-428-04093-7

91 BERND KNABE: Bevölkerungsentwicklung und Binnenwanderungen in der UdSSR 1967-1974, dargestellt an ausgewählten Territorien und unter besonderer Berücksichtigung interregionaler Migrationen
1978. 114 Seiten mit zahlreichen Tabellen, Summary, ISBN 3-428-04184-4

92 VLADISLAV BAJAJA: Organisation und Führung landwirtschaftlicher Großunternehmen in der DDR
1978. 226 Seiten mit 12 Tabellen und 22 Darstellungen, davon 5 Klapptafeln, Summary, ISBN 3-428-04230-1

93 ENDRE ANTAL: Grundlagen und reformpolitische Einordnung des ungarischen Wirtschaftssystems
1978. 170 Seiten mit zahlreichen Tabellen, Summary, ISBN 3-428-04316-2

94 GERLINDE SCHARF: Fruchtbarkeit, Milchleistung sowie Pelz- und Wolleigenschaften sowjetischer Grobwollschafrassen
1979. 154 Seiten mit zahlreichen Tabellen und Abbildungen, Summary, ISBN 3-428-04382-0

95 EBERHARD SCHINKE: Schlachttier- und Fleischproduktion in Osteuropa - DDR
1979. 80 Seiten mit 32 Tabellen und 4 Darstellungen, Summary, ISBN 3-428-04400-2

96 EHRENFRIED SCHÜTTE: Die Versicherung der landwirtschaftlichen Betriebe in der Sowjetunion - mit Berücksichtigung anderer kommunistischer Staaten Osteuropas
1979. 203 Seiten, Summary, ISBN 3-428-04470-3

97 ENDRE ANTAL: Die Beteiligung der RGW-Länder am Welthandel - unter besonderer Berücksichtigung ihres Agraraußenhandels
1979. 240 Seiten mit 86 Tabellen und 2 Abbildungen, Summary, ISBN 3-428-04498-3

98* PETER ROSTANKOWSKI: Agrarraum und Getreideanbau in der Sowjetunion 1948-1985 - Eine agrargeographische Studie
1979. 130 Seiten mit Karten, Abbildungen und Tabellen, Summary, ISBN 3-428-04533-5

99 Modernisierung und nationale Gesellschaft im ausgehenden 18. und im 19. Jahrhundert - Referate einer deutsch-polnischen Historikerkonferenz, hrsg. v. WERNER CONZE, GOTTFRIED SCHRAMM und KLAUS ZERNACK
1979. 280 Seiten, Summary, ISBN 3-428-04534-3

100 Europa slavica - Europa orientalis - Festschrift für Herbert Ludat zum 70. Geburtstag, hrsg. v. KLAUS-DETLEV GROTHUSEN und KLAUS ZERNACK
1980. XII,569 Seiten mit Karten und Abbildungen, ISBN 3-428-04601-3

101 MATIJA KOVAČIČ: Sozialistische landwirtschaftliche Kooperation in Slowenien
1980. 118 Seiten mit 43 Tabellen und 4 Abbildungen, Summary, ISBN 3-428-04636-6

102 NORBERT PENKAITIS: Fiskalische Instrumente der sowjetischen Agrarpolitik
1980. 132 Seiten mit 34 Tabellen, Summary, ISBN 3-428-04643-9

103 Sowjetische Landwirtschaft und Embargo - hrsg. v. GÜNTER JAEHNE
1980. 116 Seiten mit Tabellen, Summary, ISBN 3-428-04690-0

104 HILTRUD BESCH: Die Züchtung von Qualitätsgerste für Fütterung und Ernährung in der Sowjetunion
1980. 114 Seiten mit 13 Tabellen und 4 Abbildungen, Summary, ISBN 3-428-04691-9

105 PHILIPP KELLNER: Fischereiwirtschaft und Fischproduktion der Sowjetunion
1980. 114 Seiten mit 41 Tabellen und 2 Abbildungen, Summary, ISBN 3-428-04692-7

106 ZDENĚK HUŇÁČEK: Rechtliche Aspekte der Kooperation in der Landwirtschaft der Sowjetunion (unter Berücksichtigung der Entwicklung in der DDR und ČSSR)
1980. 84 Seiten mit 7 Tabellen, Summary, ISBN 3-428-04721-4

107 JÖRG LEUSCHNER: Novgorod - Untersuchungen zu einigen Fragen seiner Verfassungs- und Bevölkerungsstruktur
1981. 288 Seiten mit 43 Tabellen und 6 Abbildungen, Summary, ISBN 3-428-04722-2

108 LOTHAR DRALLE: Slaven an Havel und Spree - Studien zur Geschichte des hevellisch-wilzischen Fürstentums (6. bis 10. Jahrhundert)
1981. 336 Seiten, Tabellen, Abbildungen und Karten, Summary, ISBN 3-428-04723-0

109 Gesamtwirtschaftliche Investitionssysteme - hrsg. v. ARMIN BOHNET
1981. 194 Seiten mit zahlreichen Tabellen und Abbildungen, ISBN 3-428-04839-3

110 Sowjet-Landwirtschaft 1981 - hrsg. v. GÜNTER JAEHNE
1981. 85 Seiten, Tabellen, Summary, ISBN 3-428-04840-7

111 AXEL SIEGER: Über das Vorkommen von Tierseuchen sowie über Art und Stand der Tierseuchenbekämpfung in den europäischen RGW-Ländern und Jugoslawien
1981. 137 Seiten mit Tabellen und Abbildungen, Summary, ISBN 3-428-04943-8

112 GALINA POSPELOWA und HILDEGARD FLIESS: Schlachttier- und Fleischproduktion in Osteuropa - Bulgarien
1981. 144 Seiten, 56 Tabellen und 5 Abbildungen, Summary, ISBN 3-428-04944-6

113 Current Trends in the Soviet and East European Food Economy, Osteuropas Nahrungswirtschaft - Gestern und Morgen - hrsg. v./edited by KARL-EUGEN WÄDEKIN
1982. 368 Seiten, Tabellen und Abbildungen, ISBN 3-428-05051-7

114 Agricultura Sinica - hrsg. v. ERWIN M. REISCH
1982. 192 Seiten, ISBN 3-428-05052-5

115 Pedogenetische Untersuchungen an Tschernosemen und Parabraunerden der Donau-Ebene Rumäniens und des nördlichen Oberrheintieflands (Vorderpfälzer Tiefland) hrsg. v. ERNST SCHÖNHALS u.a.
1982. 157 Seiten, Tabellen und Abbildungen, ISBN 3-428-05166-1

116 Erzeugung und Verbrauch von Futtermitteln und Tierprodukten in Polen - hrsg. v. EBERHARD SCHINKE
1982. 115 Seiten und 35 Tabellen, ISBN 3-428-05168-8

117 PETER ROSTANKOWSKI: Die Entwicklung osteuropäischer ländlicher Siedlungen und speziell der Chutor-Siedlungen
1982. 142 Seiten mit Abbildungen und Karten, Summary, ISBN 3-428-05207-2

118 MICHAEL NORTH: Die Amtswirtschaften von Osterode und Soldau - Vergleichende Untersuchungen zur Wirtschaft im frühmodernen Staat am Beispiel des Herzogtums Preußen in der zweiten Hälfte des 16. und der ersten Hälfte des 17. Jahrhunderts
1982. 340 Seiten mit Karten und Tabellen, ISBN 3-428-05289-7

119 Körnermais - Erzeugung und Verwertung - hrsg. v. EBERHARD SCHINKE und MARTIN ZOSCHKE
1982. 140 Seiten mit Tabellen und Abbildungen, ISBN 3-428-05292-7

120 JÖRG STADELBAUER: Landwirtschaftliche Integration in den Subtropen der Sowjetunion. Überbetriebliche Zusammenarbeit im transkaukasischen Agrarraum
1983. 416 Seiten mit 36 Abbildungen und 26 Tabellen, Summary, ISBN 3-428-05321-4

121 JÖRG STADELBAUER: Studien zur Agrargeographie Transkaukasiens. Subtropische Landwirtschaft im gesamtsowjetischen Rahmen
1983. 348 Seiten mit 38 Abbildungen und 31 Tabellen, Summary, ISBN 3-428-05322-2

122 MANFRED HOFFMANN: Flächennutzung in einer sozialistischen Gesellschaftsordnung, dargestellt am Beispiel der Deutschen Demokratischen Republik
1983. 258 Seiten mit 49 Tabellen, ISBN 3-428-05389-3

123 WOLFGANG JÄHNIG: Die Siedlungsplanung im ländlichen Raum der Sowjetunion mit besonderer Berücksichtigung des Konzepts der "Agrostadt"
1983. 141 Seiten mit 26 Abbildungen, 10 Tabellen und 3 Übersichten, Summary, ISBN 3-428-05464-4

124 Preise im Sozialismus - Kontinuität im Wandel, Teil 1: Agrarpreissysteme in RGW-Ländern - hrsg. v. ARMIN BOHNET und EBERHARD SCHINKE
1983. 135 Seiten, ISBN 3-428-05479-2

125 Preise im Sozialismus - Kontinuität im Wandel, Teil 2: Zur Theorie und Praxis gesamtwirtschaftlicher Preissysteme - hrsg. v. ARMIN BOHNET
1984. 246 Seiten mit Tabellen, Summary, ISBN 3-428-05480-6

126 MICHAEL LUDWIG: Besteuerung und Verpfändung königlicher Städte im spätmittelalterlichen Polen
1984. 376 Seiten mit 2 Tabellen, ISBN 3-428-05481-4

127 EBERHARD SCHINKE unter Mitarbeit von ZDENĚK HUŇÁČEK: Der Anteil der privaten Landwirtschaft an der Agrarproduktion in den RGW-Ländern
1983. 78 Seiten mit 40 Tabellen, ISBN 3-428-05482-2

128 MICHAEL LUDWIG: Tendenzen und Erträge der modernen polnischen Spätmittelalterforschung unter besonderer Berücksichtigung der Stadtgeschichte
1983. 157 Seiten, ISBN 3-428-05498-9

129 CHRISTIAN KREBS: Die weltanschaulichen und wirtschaftstheoretischen Grundlagen der Agrartheorie im Marxismus - Leninismus
1983. 529 Seiten mit Tabellen, ISBN 3-428-05538-1

130 CHRISTIAN LÜBKE: Novgorod in der russischen Literatur (bis zu den Dekabristen)
1984. 250 Seiten, ISBN 3-428-05609-4

131 CHRISTIAN LÜBKE: Regesten zur Geschichte der Slaven an Elbe und Oder (vom Jahr 900 an), Teil I: Verzeichnis der Literatur und der Quellensigel. Mit einem Vorwort von HERBERT LUDAT
1984. 303 Seiten, ISBN 3-428-05697-3

132 ENDRE ANTAL und EBERHARD SCHINKE: Ziele und Möglichkeiten des ungarischen Exports von Nahrungsgütern
1985. 200 Seiten mit Tabellen, ISBN 3-428-05741-4

133 CHRISTIAN LÜBKE: Regesten zur Geschichte der Slaven an Elbe und Oder (vom Jahr 900 an), Teil II: Regesten 900-983
1985. 315 Seiten, ISBN 3-428-05742-2

134 CHRISTIAN LÜBKE: Regesten zur Geschichte der Slaven an Elbe und Oder (vom Jahr 900 an), Teil III, Regesten 983-1013
1986. 317 Seiten, ISBN 3-428-05844-5

135 IVAN LONČAREVIĆ: Agrarmarktgestaltung in Jugoslawien
1985. 104 Seiten mit Tabellen, Summary, ISBN 3-428-05838-0

136 Agriculture in Inter-System Comparison: Communist and Non-Communist Cases, edited by KARL-EUGEN WÄDEKIN
1985. 443 Seiten, ISBN 3-428-05885-2

137 BERNHARD FRIEDMANN: Untersuchungen zur Geschichte des abodritischen Fürstentums bis zum Ende des 10. Jahrhunderts
1986. 336 Seiten, ISBN 3-428-05886-0

138 GALINA POSPELOWA und NORBERT PENKAITIS unter Mitarbeit von HILDEGARD FLIESS: Zuckerrübenanbau und Zuckerproduktion in der Sowjetunion - hrsg. v. EBERHARD SCHINKE
1985. 120 Seiten mit Tabellen, Summary, ISBN 3-428-05929-8

139 JANA FILIP, PHILIPP KELLNER und EBERHARD SCHINKE: Milchmarkt der DDR
1985. 115 Seiten mit Tabellen, Summary, ISBN 3-428-05930-1

140 Ergebnisse Deutsch-Rumänischer Agrarforschung - hrsg. im Auftrag des Partnerschaftskollegiums von MARTIN ZOSCHKE
1986. 193 Seiten mit Tabellen, ISBN 3-428-06030-X

141 MARIA WEITZ: Entwicklungen in der chinesischen Agrarpolitik
1986. 110 Seiten mit Tabellen, Summary, ISBN 3-428-06036-9

142 ENDRE ANTAL: Futterversorgung und Futterverwertung in der ungarischen Landwirtschaft
1986. 224 Seiten, 64 Tabellen, Summary, ISBN 3-428-06039-3

143 BARBARA KELEMEN: Beschaffung landwirtschaftlicher Produktionsmittel im ungarischen Wirtschaftssystem
1986. 188 Seiten, Summary, ISBN 3-428-06081-4

144 NORBERT PENKAITIS: Volkswirtschaftliche Aspekte der sowjetischen Umsatzsteuer
1986. 121 Seiten mit zahlreichen Tabellen und Schaubildern, Summary, ISBN 3-428-06108-X

145 KLAUS STERN: Die Umleitung eines Teils des Abflusses nördlicher europäischer und sibirischer Flüsse in der Sowjetunion und mögliche Auswirkungen auf die Umwelt - hrsg. v. JOSEF BREBURDA
1986. 151 Seiten mit zahlreichen Tabellen und Abbildungen, ISBN 3-428-06109-8

146 GÜNTER JAEHNE und NORBERT PENKAITIS: Getreidevermarktung in der Sowjetunion - Handel, Transport, Lagerung und Verarbeitung
1987. 171 Seiten, 2 Übersichten, 13 Schaubilder, ISBN 3-428-06153-5

147 GALINA POSPELOWA unter Mitarbeit von HILDEGARD FLIESS: Biologischer Pflanzenschutz in der Sowjetunion - hrsg. v. EDUARD von BOGUSLAWSKI
1987. 218 Seiten mit zahlreichen Tabellen und Abbildungen, ISBN 3-428-06154-3

148 JOSEF BREBURDA: Bodengeographie der borealen und kontinentalen Gebiete Eurasiens
1987. 176 Seiten mit zahlreichen Abbildungen, ISBN 3-428-06161-6

149 RICHARD GERHOLD: Staatsgüter in der Volksrepublik China - Funktion, Betriebsführung und wirtschaftliche Reform
1987. 307 Seiten, 32 Zahlen-Übersichten, 4 Schaubilder, ISBN 3-428-06262-0

150 WOLFGANG QUAISSER: Agrarpreispolitik und bäuerliche Landwirtschaft in Polen
1987. 143 Seiten, Summary, Tabellenanhang A und B, ISBN 3-428-06266-3

151 NORBERT PENKAITIS unter Mitarbeit von LUIS URIBE OSSES, hrsg. von EBERHARD SCHINKE: Neuausrichtung der sowjetischen Agrarpolitik unter Gorbatschow - Eine Übersicht über die Maßnahmen im Agrarbereich -
1987. 92 Seiten, Zusammenfassung, ISBN 3-428-06296-5

152 CHRISTIAN LÜBKE: Regesten zur Geschichte der Slaven an Elbe und Oder (vom Jahr 900 an), Teil IV, Regesten 1013-1057
1987. 303 Seiten, ISBN 3-428-06309-0

153 GALINA POSPELOWA und EBERHARD SCHINKE, unter Mitarbeit von HILDEGARD FLIESS: Organisation der Pflanzenzüchtung und Saatguterzeugung in der Sowjetunion
1988. 154 Seiten mit Tabellen und Abbildungen, Summary, ISBN 3-428-06355-4

154 ILSE GROSSER: Private Landwirtschaft in Bulgarien
1988. 106 Seiten, Tabellen, Summary, ISBN 3-428-06356-2

155 PHILIPP KELLNER: Futterversorgung und Futterverwertung in der sowjetischen Landwirtschaft
1988. 103 Seiten, 25 Tabellen, Summary, ISBN 3-428-06357-0

156 STANISLAW KLIMEK und MARTIN ZOSCHKE: Neuere Ergebnisse der Ackerbohnenforschung in Polen
1988. 117 Seiten, 47 Tabellen, Summary, ISBN 3-428-06358-9

157 CHRISTIAN LÜBKE: Regesten zur Geschichte der Slaven an Elbe und Oder (vom Jahr 900 an), Teil V, Index der Teile II-IV
1988. 110 Seiten, ISBN 3-428-06399-6

158 Lohnfindung in Industrieunternehmungen der Bundesrepublik Deutschland und der Volksrepublik Polen, hrsg. v. DIETGER HAHN und LESLAW MARTAN
1988. 282 Seiten, ISBN 3-428-06471-2

159 ENDRE ANTAL: Probleme und Möglichkeiten bilateraler Unternehmenskooperation mit Polen im Agrar- und Ernährungsbereich, hrsg. von KARL-EUGEN WÄDEKIN
1988. 196 Seiten, 9 Tabellen, Summary, ISBN 3-428-06496-8

160 GÜNTER KUHNT: Bodenerosion und ihre Beziehungen zur Bodenfruchtbarkeit im subtropischen Bereich der VR China
1988. 138 Seiten, 21 Tabellen, 24 Abbildungen, Summary, ISBN 3-428-06497-6

161 NORBERT PENKAITIS: Tschernobyl und die Folgen für die sowjetische Landwirtschaft
1988. 140 Seiten, 21 Tabellen, 6 Abbildungen, Summary, ISBN 3-428-06498-4

162 JOHANNES MARX: Die Erodierbarkeit charakteristischer Böden im Südosten der VR China
1988. 156 Seiten, 41 Abbildungen, 17 Tabellen, Summary, ISBN 3-428-06565-4

163 WLADYSLAW W. JERMAKOWICZ und JANE THOMPSON FOLLIS: Reform Cycles in Eastern Europe, 1944-1987. A comparative analysis from a sample of Czechoslovakia, Poland, and the Soviet Union
1988. 216 Seiten mit zahlreichen Tabellen und Abbildungen, ISBN 3-428-06593-X

164 LARISA URIBE OSSES: Lößböden der VR China und Sowjet-Zentralasiens und ihre Genese
1989. 177 Seiten mit zahlreichen Tabellen und Abbildungen. Summary, ISBN 3-428-06594-8

165 KRISTINE PFAHLER-JUNG: Die globale Verbreitung der Tularämie
1989. 243 Seiten, Summary, ISBN 3-428-06595-6

166 NORBERT PENKAITIS: Verbrauchs- und Nachfragepotential der Sowjetunion bei Getreide, Milch und Fleisch
1989. 122 Seiten mit zahlreichen Tabellen, Summary, ISBN 3-428-06724-X

167 TAOLIN ZHANG: Vergleichende Untersuchungen an deutschen und chinesischen Steppenböden
1989. 174 Seiten mit zahlreichen Tabellen und Abbildungen, Summary, ISBN 3-428-06744-4

168 XUEZHENG SHI: Vergleichende Untersuchungen an Böden aus Basalt in Süd-, Ost- und Nordostchina sowie in der Bundesrepublik Deutschland
1989. 115 Seiten, 12 Abbildungen, 14 Tabellen, Summary, ISBN 3-428-06745-2

169 STANISLAW KLIMEK: Flachsanbau in Polen
1989. 91 Seiten, 39 Tabellen, Summary, ISBN 3-428-06752-5

170 BERNHARD POLTEN, NIKOLAUS THIEL, THEODOR SCHLIESSER: Vorkommen und Bekämpfung der Aujeszkyschen Krankheit in den RGW-Ländern
1989. 165 Seiten, Summary, ISBN 3-428-06760-6

171 EDDA RESCHKE, PETER SCHLEY: Kleintierzucht in der DDR
1989. 91 Seiten, Summary, ISBN 3-428-06786-X

172 GALINA POSPELOWA, EBERHARD SCHINKE, HILDEGARD FLIESS: Flachsanbau in der Sowjetunion
1989. 198 Seiten mit zahlreichen Tabellen und Abbildungen, Summary, ISBN 3-428-06787-8

173 STEPHAN MERL: Sozialer Aufstieg im sowjetischen Kolchossystem der 30er Jahre? Über das Schicksal der bäuerlichen Parteimitglieder, Dorfsowjetvorsitzenden, Posteninhaber in Kolchosen, Mechanisatoren und Stachanowleute
1990. 276 Seiten, 25 Tabellen, Summary, ISBN 3-428-06788-6

174 KLAUS STERN: Wirkung der großflächigen Landbewirtschaftung in der DDR auf Flora, Fauna und Boden
1990. 248 Seiten, Anhang, zahlreiche Tabellen und Abbildungen, Summary, ISBN 3-428-06902-1

175 STEPHAN MERL: Bauern unter Stalin. Die Formierung des sowjetischen Kolchossystems
1990. 512 Seiten mit zahlreichen Tabellen, Summary, ISBN 3-428-06903-X

176 NORBERT PENKAITIS: Investitionen in der sowjetischen Landwirtschaft
1990. 111 Seiten mit zahlreichen Tabellen, Summary, ISBN 3-428-06987-0

177 STANISLAW KLIMEK, HILDEGARD FLIESS: Neue Ergebnisse der Lupinenforschung in Polen, hrsg. von MARTIN ZOSCHKE
1990. 164 Seiten, Summary, ISBN 3-428-06988-9

178 Agrarwirtschaft und Agrarpolitik in der ehemaligen DDR im Umbruch - hrsg. von STEPHAN MERL und EBERHARD SCHINKE
1991. 301 Seiten mit zahlreichen Tabellen und Abbildungen, ISBN 3-428-07049-6

179 BRIGITTE WAVRA: Salzburg und Hamburg: Erzbistumsgründung und Missionspolitik in karolingischer Zeit
1991. 420 Seiten, Summary, ISBN 3-428-07061-5

180 GÜNTER JAEHNE: Land- und Ernährungswirtschaft in Albanien
1991. 118 Seiten, Summary, ISBN 3-428-07155-7

181 JANA FILIP: Anbau und Verarbeitung von Ölpflanzen in der Tschechoslowakei
1991. 145 Seiten, Summary, ISBN 3-428-07234-0

182 ENDRE ANTAL: Beteiligung der RWG-Länder am Weltagrarhandel in den achtziger Jahren
1992. 417 Seiten, Summary, ISBN 3-428-07307-X

183 NORBERT PENKAITIS: Investitionen im Verarbeitungsbereich der sowjetischen Agrarwirtschaft
1992. 124 Seiten, Summary, ISBN 3-428-07335-1

184 HANS-HENRY WIECZOREK: Umweltschäden in der DDR - Dargestellt an einer Analyse von Bekämpfungsaktionen gegen den Forstschädling Nonne (*Lymantria monacha* L.) in den Jahren 1980 bis 1984
1992. 236, LIV Seiten mit zahlreichen Tabellen und Abbildungen, Summary, ISBN 3-428-07336-3

185 Improvement of Living Conditions in Rural Ningxia, edited by CHANGJIANG SHEN, JÖRG STEINBACH and PHILIPP KELLNER
1993. 238 Seiten, zahlreiche Tabellen und Abbildungen, ISBN 3-428-07337-1

186 WEI YIMIN: Wachstumsbiologische Untersuchungen an deutschen und chinesischen Weizensorten, hrsg. von MARTIN ZOSCHKE
1992. 91 Seiten, Summary, ISBN 3-428-07338-X

187 XIUKAI JIANG: Agrarpreispolitik und Agrarpreisentwicklung in der Volksrepublik China seit 1979
1992, 198 Seiten, zahlreiche Tabellen und Abbildungen, Summary, ISBN 3-428-07339-8

188 RENÉ DEISSLER: Ländliche Strukturen in der VR China - Partizipation und Perspektiven von Bauern in Ningxia
1992. 165 Seiten mit zahlreichen Tabellen, Graphiken, Summary, ISBN 3-428-07517-X

189 CHRISTIANE WILLEKE-WETSTEIN: Ökologische und ökonomische Analyse der Agrarproduktion kleinbäuerlicher Betriebe in Ningxia (Nordwest-China)
1992. 330 Seiten mit zahlreichen Tabellen und Abbildungen, Summary, ISBN 3-428-07641-9

190 Social Problems in Rural Areas under Conditions of Change Contributions to the International Symposium in Vologda, September 1991, edited by A. ANDREAS BODENSTEDT, STEPHAN MERL and VLADIMIR A. NUTRIKHIN
1993. 246 Seiten, zahlreiche Tabellen und Abbildungen, ISBN 3-428-07692-3

191 Sowjetmacht und Bauern - Dokumente zur Agrarpolitik und zur Entwicklung der Landwirtschaft während des "Kriegskommunismus" und der Neuen Ökonomischen Politik, hrsg. v. STEPHAN MERL
1993. 511 Seiten, mit zahlreichen Tabellen, ISBN 3-428-07693-1

192 JANA FILIP: Anbau und Verarbeitung von Ölpflanzen in Polen, hrsg. von EBERHARD SCHINKE
1993. 136 Seiten, zahlreiche Tabellen, Summary, ISBN 3-428-07694-X

193 STANISLAW KLIMEK: Stand der Triticale-Forschung in Polen, hrsg. von MARTIN ZOSCHKE
1994. 139 Seiten, zahlreiche Tabellen, Summary, ISBN 3-428-07695-8

194 GALINA POSPELOWA und MARTIN ZOSCHKE unter Mitarbeit von HILDEGARD FLIESS: Stand der Triticale-Forschung in Rußland
1994. 238 Seiten, zahlreiche Tabellen, Summary, ISBN 3-428-07696-6

195 KLAUS HELLER: Die Normannen in Osteuropa
1993. 101 Seiten, 1 Faltkarte, Summary, ISBN 3-428-07697-4

196 JANA FILIP, unter Mitarbeit von ENDRE ANTAL: Anbau und Verarbeitung von Ölpflanzen in Ungarn, hrsg. von EBERHARD SCHINKE
1993. 116 Seiten, zahlreiche Tabellen, Summary, ISBN 3-428-07870-5

197 NORBERT PENKAITIS: Agrarentwicklung in Litauen 1918-1992
1994. 228 Seiten, zahlreiche Tabellen, Summary, ISBN 3-428-07887-X

198 LOTHAR DRALLE: Von der Sowjetunion lernen, ... Zur Geschichte der Gesellschaft für Deutsch-Sowjetische Freundschaft
1993. 509 Seiten, zahlreiche Tabellen, Summary, ISBN 3-428-07949-3

199 JANA FILIP: Entwicklungstendenzen der Agrarstrukturen in der Tschechischen und der Slowakischen Republik
1994. 153 Seiten, zahlreiche Tabellen, Summary, ISBN 3-428-08005-X

200 SILKE MITRO: Zum Vorkommen wichtiger Infektionskrankheiten bei Tieren in der ehemaligen ČSSR und in Polen während der letzten 20 Jahre
1994. 158 Seiten, zahlreiche Tabellen, Summary, ISBN 3-428-08006-8

201 NORBERT PENKAITIS: Entwicklungstendenzen der Agrarstrukturen in der Ukraine
1994. 92 Seiten, zahlreiche Tabellen, Summary, ISBN 3-428-08140-4

202 Statistikat e Bujqësisë dhe Ushqimit të Shqipërisë - Agriculture and Food Statistics of Albania - Statistisches Jahrbuch für Landwirtschaft und Ernährung Albanien 1993, hrsg. v. GÜNTER JAEHNE und EBERHARD SCHINKE
1994. XXII, 64 Seiten, 1 Faltkarte, ISBN 3-428-08177-3

203 JANA FILIP: Dokumentation zur Agrargesetzgebung in der ehemaligen Tschechoslowakei und der Tschechischen Republik, hrsg. von EBERHARD SCHINKE
1994. 96 Seiten, Summary, ISBN 3-428-08178-1

204 SILKE MITRO: Zoonosen in den Nachfolgestaaten der Sowjetunion
1994. 134 Seiten, zahlreiche Tabellen, Summary, ISBN 3-428-08179-X

206 Rußlands Zukunft - Vorträge eines gemeinsamen Seminars mit der Hessischen Landeszentrale für politische Bildung, hrsg. von BERND HEIDENREICH, KLAUS HELLER und EBERHARD SCHINKE
1994. 260 Seiten, ISBN 3-428-08237-0

208 GALINA POSPELOWA, unter Mitarbeit von HILDEGARD FLIESS: Anbau und Verarbeitung von Ölpflanzen in der Ukraine, hrsg. von MARTIN ZOSCHKE
1995. 200 Seiten, zahlreiche Tabellen, Summary, ISBN 3-428-08445-4

212 ZHONG HONG: Die Umgestaltung des öffentlichen Finanzsystems der Volksrepublik China im Reformprozeß. Ein Beitrag zur Theorie der Transformation von Wirtschaftsordnungen
1995. 334 Seiten, zahlreiche Tabellen, Summary, ISBN 3-428-08449-7

Die Bände 1-8, 10-30, 54, 61, 86 und 98 sind vergriffen.
*Die Bände 33, 34, 36, 37, 38, 42, 46 und 47 sind zu beziehen durch den Verlag Otto Harrassowitz Wiesbaden.